Meister Eckhart

DAS BUCH
DER GÖTTLICHEN TRÖSTUNG

VOM EDLEN MENSCHEN

Das *Buch der göttlichen Tröstung* zeigt Meister Eckhart als großen spekulativen Denker. Er trägt hier sein Thema, die Einheit des Gerechten mit der Gerechtigkeit, vereinfacht in der Volkssprache vor. Das Buch erweist ihn als verständnisvollen Lebemeister, der in kurzen Merksprüchen und Exempeln zu trösten versteht. Meister Eckhart hat das Trostbuch an Agnes von Ungarn gesandt, an die Tochter des ermordeten Königs Albrecht I. von Habsburg, die 1301 ihren Gatten, 1308 ihren königlichen Vater, 1313 ihre Mutter verloren hat. Das genaue Entstehungsdatum dürfte in dem Jahrzehnt zwischen 1313 und 1323 liegen.

Der erste Teil des Traktes skizziert Eckharts Metaphysik. Er erklärt die Gottessohnschaft des Menschen als den wahren Grund der Tröstung. Der zweite Teil versammelt dreißig «Trostgründe» für die Bewältigung des Leids. Der kurze dritte Teil berichtet von Personen, deren gutes Beispiel «mancherlei Trost» gewähren kann. Eckhart selbst, aber auch seine Ankläger im Inquisitionsprozeß haben das *Buch der göttlichen Tröstung* eng verbunden mit der Predigt *Vom edlen Menschen*; diese Ausgabe bringt beide Texte.

Dem mittelhochdeutschen Originaltext steht Neuübersetzung von Kurt Flasch gegenüber. Der Leser gewinnt einen unmittelbaren Eindruck von der außergewöhnlichen Sprache Meister Eckharts.

Kurt Flasch ist emeritierter Professor für Philosophie der Ruhr-Universität Bochum. Er ist als Autor zahlreicher wissenschaftlicher Werke zur Geschichte des philosophischen Denkens hervorgetreten. Im Jahr 2000 erhielt er den *Sigmund Freud-Preis für wissenschaftliche Prosa* der Deutschen Akademie für Sprache und Dichtung, 2001 den *Kuno Fischer-Preis* der Universität Heidelberg. Bei C.H.Beck ist von ihm neben vielem anderen erschienen: *Meister Eckhart. Die Geburt der Deutschen Mystik aus dem Geist der arabischen Philosophie* (2006).

Meister Eckhart

DAS BUCH
DER GÖTTLICHEN TRÖSTUNG

VOM EDLEN MENSCHEN

Mittelhochdeutsch und Neuhochdeutsch
Übersetzt und mit einem Nachwort
von Kurt Flasch

C.H.Beck

2. Auflage. 2019
Unveränderter Nachdruck

Wilhelmstraße 9, 80801 München, info@beck.de

www.chbeck.de
Satz: ottomedien GmbH, Darmstadt
Druck und Bindung: Druckerei C.H.Beck, Nördlingen
Umschlaggestaltung: Konstanze Berner, München
Umschlagabbildung: Detail aus: Die Anbetung der Magi,
aus dem Stundenbuch für Philipp den Kühnen

Gedruckt auf säurefreiem,
alterungsbeständigem Papier
Printed in Germany
ISBN 978 3 406 73709 1

verantwortungsbewusst produziert
www.chbeck.de/nachhaltig
produktsicherheit.beck.de

INHALT

DAS BUCH
DER GÖTTLICHEN TRÖSTUNG

Benedictus deus et pater domini nostri Iesu Christi etc.

Der edel apostel sant Paulus sprichet disiu wort alsô: ‹gesegenet sî got und der vater unsers herren Jêsû Kristî, ein vater der barmherzicheit und got alles trôstes, der uns trœstet in allen unsern betrüepnissen›.

Drîerleie betrüepnisse ist, daz den menschen rüeret und drenget in disem elende. Einez ist an dem schaden ûzerlîches guotes. Daz ander ist an sînen mâgen und an sînen vriunden. Daz dritte ist an im selben an smâcheit, an ungemache und an smerzen des lîbes und an leide des herzen.

Her umbe hân ich willen ze schrîbenne an disem buoche etlîche lêre, in der sich der mensche trœsten mac in allem sînem ungemache, betrüepnisse und leide, und hât diz buoch driu teil. In dem êrsten hât man etlîche wârheit, dar ûz und dâ von genomen wirt, daz den menschen billîche und wol genzlîche getrœsten mac und sol in allem sînem leide. Dar nâch vindet man hie bî drîzic sachen und lêren, in der man sich in ieglîcher wol und ganze getrœsten mac. Her nâch vindet man in dem dritten teile dis buoches bilde an werken und an worten, diu wîse liute hânt getân und gesprochen, als sie wâren in lîdenne.

I.

Von dem êrsten sol man wizzen, daz der wîse und wîsheit, wâre und wârheit, gerehte und gerehticheit, guote und güete sich einander anesehent und alsô ze einander haltent:

Benedictus deus et pater domini nostri Jesu Christi etc.

Der große Apostel, der heilige Paulus, spricht: «Gepriesen sei Gott, der Vater unseres Herrn Jesus Christus, ein Vater der Barmherzigkeit und Gott allen Trostes, der uns tröstet in all unserer Trübsal.»

Drei Arten von Trübsal gibt es, die den Menschen erreichen und in diesem Erdenelend bedrängen. Die erste entsteht durch Schäden an äußerem Besitz, die zweite kommt aus dem Schaden, der Verwandte und Freunde trifft, die dritte aus dem Schaden, den er an sich selbst erfährt – durch Schmähung, durch Unglücksfälle, durch körperliche Schmerzen oder seelisches Leid.

Deswegen möchte ich in diesem Buch einige Lehren aufschreiben, mit denen sich der Mensch trösten kann bei all seinem Unglück, bei Schmerzen und Leid. Dieses Buch hat drei Teile. Der erste Teil enthält so viel an Wahrheit, daß sich daraus ein Trost gewinnen läßt, der den Menschen gewiß völlig trösten kann und wird in all seinem Leid. Danach kommen an die dreißig Lehrstücke, von denen jedes ausreicht, um begründeten, vollständigen Trost zu geben. Im dritten Teil des Buches finden sich Exempel von Taten und Reden, die weise Menschen, als sie litten, getan und gesprochen haben.

I.

Vor allem muß man wissen: Der Weise und die Weisheit, der Wahre und die Wahrheit, der Gerechte und die Gerechtigkeit, der Gute und das Gutsein sehen einander an. Sie verhalten sich zueinander

diu güete enist noch geschaffen noch gemachet noch geborn; mêr si ist gebernde und gebirt den guoten, und der guote, als verre sô er guot ist, ist ungemachet und ungeschaffen und doch geborn kint und sun der güete. Diu güete gebirt sich und allez, daz si ist, in dem guoten; wesen, wizzen, minnen und würken giuzet si alzemâle in den guoten, und der guote nimet allez sîn wesen, wizzen, minnen und würken von dem herzen und innigesten der güete und von ir aleine. Guot und güete ensint niht wan éin güete al ein in allem sunder gebern und geborn-werden; doch daz gebern der güete und geborn-werden in dem guoten ist al ein wesen, ein leben. Allez, daz des guoten ist, daz nimet er beidiu von der güete und in der güete. Dâ ist und lebet und wonet er. Dâ bekennet er sich selben und allez, daz er bekennet, und minnet allez, daz er minnet, und würket mit der güete in der güete und diu güete mit im und in im alliu ir werk nâch dem, als geschriben ist und sprichet der sun: ‹der vater in mir inneblîbende und wonende würket diu werk›. ‹Der vater würket biz nû, und ich würke›. Allez, daz des vaters ist, daz ist mîn, und allez, daz mîn und mînes ist, daz ist mînes vaters: sîn gebende und mîn nemende.

Noch sol man wizzen, daz der name oder daz wort, sô wir sprechen ‹guot›, nennet und besliuzet in im niht anders, noch minner noch mê, wan blôze und lûter güete; doch gibet ez sich. Sô wir sprechen ‹guot›, sô vernimet man, daz sîn güete ist im gegeben, îngevlozzen und îngeborn von der ungebornen güete. Dar umbe sprichet daz êwangelium: ‹als der vater hât daz leben in im selben, alsô hât er gegeben dem sune, daz er ouch habe daz leben in im selben›. Er sprichet ‹in im selben›, niht ‹von im selben›, wan der vater hât ez im gegeben.

Allez, daz ich nû hân gesprochen von dem guoten und von der güete, daz ist ouch glîche wâr von dem wâren und der wârheit, von dem gerehten und der gerehticheit, von dem wîsen und der wîsheit, von gotes sune und von gote dem vater, von allem dem, daz von gote geborn ist und daz

wie folgt: Das Gutsein selbst ist weder erschaffen noch gemacht noch geboren. Aber es ist gebärend und gebiert den Guten. Und der Gute, sofern er gut ist, ist nicht gemacht und nicht erschaffen, sondern er ist Kind und Sohn, geboren aus dem Gutsein. Das Gutsein gebiert sich und alles, was es ist, in dem Guten. Es ergießt zugleich Sein, Wissen, Lieben und Wirken in den Guten, und der Gute nimmt all sein Sein, Wissen, Lieben und Wirken aus dem Herzen und Innersten des Gutseins, von ihm allein. Gut und Gutsein sind nichts als ein einziges Gutsein, völlig eins in allem, außer im Gebären und Geborenwerden. Das Gebären des Gutseins und das Geborenwerden im Guten ist gänzlich ein einziges Sein, ein einziges Leben. Alles, was dem Guten gehört, das nimmt er aus dem Gutsein und im Gutsein. Dort ist und lebt und wohnt er. Dort erkennt er sich selbst und alles, was er erkennt. Dort liebt er alles, was er liebt. Dort wirkt er – mit dem Gutsein und im Gutsein. Und das Gutsein wirkt mit ihm und in ihm alles, was es wirkt. Das entpricht dem, was in der Bibel steht, wo der Sohn sagt: «Der Vater bleibt und wohnt in mir und wirkt die Taten.» «Der Vater wirkt bis jetzt, und ich wirke.» «Alles, was dem Vater gehört, gehört mir, und alles, was mir gehört, gehört meinem Vater. Es gehört ihm, sofern er es gibt. Es gehört mir, sofern ich es nehme.»

Außerdem muß man wissen: Wenn wir das Wort «gut» aussprechen, so nennt und schließt es in sich einzig und allein das bestimmungslose reine Gutsein, nicht mehr und nicht weniger, jedoch teilt es sich mit.[1] *Wenn wir vom «Guten» sprechen, so heißt das: Sein Gutsein ist ihm gegeben, hineingeströmt und hineingeboren aus dem ungeborenen Gutsein. Darum sagt das Evangelium: «Wie der Vater das Leben in sich selbst hat, so hat er es dem Sohn gegeben, daß auch er das Leben in sich selbst habe.» Er sagt «in sich selbst», nicht: «aus sich selbst», denn der Vater hat es ihm gegeben.*

Alles, was ich jetzt behauptet habe vom Guten und vom Gutsein, das ist gleich wahr vom Wahren und der Wahrheit, vom Gerechten und der Gerechtigkeit, von dem Weisen und der Weisheit, von Gott Sohn und Gott Vater. Es ist im gleichen Sinn wahr für alles, was aus Gott geboren ist und was keinen Vater auf Erden hat,

niht enhât vater ûf ertrîche, in daz sich niht gebirt allez, daz geschaffen ist, allez, daz niht got enist, in dem kein bilde enist dan got blôz lûter aleine. Wan alsô sprichet sant Johannes in sînem êwangeliô, daz ‹allen den ist gegeben maht und mugent, gotes süne ze werdenne, die niht von bluote noch von vleisches willen noch von mannes willen, sunder von gote und ûz gote aleine geborn sint›.

Bî dem bluote meinet er allez, daz an dem menschen niht undertænic ist des menschen willen. Bî des vleisches willen meinet er allez, daz in dem menschen sînem willen undertænic ist, doch mit einem widerkriege und mit einem widerstrîte und neiget nâch des vleisches begerunge und ist gemeine der sêle und dem lîbe und enist niht eigenlîche in der sêle aleine; und dâ von werdent die krefte müede, krank und alt. Bî dem willen des mannes meinet sant Johannes die hœhsten krefte der sêle, der natûre und ir werk ist unvermischet mit dem vleische, und stânt, in der sêle lûterkeit, abegescheiden von zît und von stat und von allem dem, daz ze zît und stat kein zuoversiht hât oder smak, die mit nihte niht gemeine enhânt, in den der mensche nâch gote gebildet ist, in der der mensche gotes geslehte ist und gotes sippe. Und doch, wan sie got selben niht ensint und in der sêle und mit der sêle geschaffen sint, sô müezen sie ir selbes entbildet werden und in got aleine überbildet und in gote und ûz gote geborn werden, daz got aleine vater sî; wan alsô sint sie ouch gotes süne und gotes eingeborn sun. Wan alles des bin ich sun, daz mich nâch im und in sich glîche bildet und gebirt. Ein sôgetân mensche, gotes sun, guot der güete sun, gereht sun der gerehticheit, alsô verre als er aleine ir sun ist, sô ist si ungeborn-gebernde, und ir geborn sun hât daz selbe eine wesen, daz diu gerehticheit hât und ist, und tritet in alle die eigenschaft der gerehticheit und der wârheit.

Ûzer aller dirre lêre, diu in dem heiligen êwangeliô geschriben ist und sicherlîche bekant in dem natiurlîchen

in das sich nichts Geschaffenes hineingebiert, nichts, was nicht Gott ist. In dem kein Bild ist, nur Gott, bloß und rein allein. Daher sagt der heilige Johannes in seinem Evangelium: «All denen, die nicht aus dem Blut, nicht aus dem Willen des Fleisches, auch nicht aus dem Willen des Mannes, sondern von Gott und aus Gott allein geboren sind, ist die Macht gegeben, Gottes Söhne zu werden.»[2]

Unter «Blut» versteht er alles, was im Menschen dem Willen des Menschen nicht gehorcht. Unter dem «Willen des Fleisches» versteht er alles, was im Menschen dem Willen nur mit Widerstand und Kampf gehorcht, also was zum Verlangen des Fleisches neigt. Es gehört Seele und Leib gemeinsam und nicht der Seele allein, wovon die Kräfte der Seele ermüden, schwach und alt werden.

Unter dem «Willen des Mannes» versteht der heilige Johannes die höchsten Vermögen der Seele. Deren Wesen und Wirken ist unvermischt mit dem Fleisch; sie stehen rein in der Seele, abgetrennt von Zeit, Ort und allem, was auf Zeit und Ort Hoffnung setzt oder daran Geschmack findet. Sie haben mit nichts etwas gemeinsam; in ihnen ist der Mensch Gottes Ebenbild; in ihnen ist der Mensch von Gottes Art und Geschlecht. Allerdings sind sie nicht Gott selbst, sie sind in der Seele und mit der Seele erschaffen. Daher müssen sie ihrer selbst entbildet und in Gott überbildet werden. Sie müssen in Gott und aus Gott geboren werden, damit Gott allein Vater sei. Und so sind auch sie Gottes Söhne, und zwar Gottes eingeborener Sohn. Denn von all dem, was mich nach seinem Muster und ihm gleich formt und gebiert, dessen Sohn bin ich. Ein solcher Mensch ist Gottes Sohn, gut als Sohn des Gutseins selbst und gerecht als Sohn der Gerechtigkeit, und sofern er allein deren Sohn ist, so ist sie ungeboren gebärend und ihr geborener Sohn hat dasselbe eine Sein, das die Gerechtigkeit hat und ist. Er tritt in alles ein, was der Gerechtigkeit und Wahrheit eigen ist.[3]

Aus dieser ganzen Lehre, die im heiligen Evangelium geschrieben steht und im natürlichen Licht der vernunftbe-

liehte der vernünftigen sêle, vindet der mensche gewâren trôst alles leides.

Sant Augustînus sprichet: gote enist niht verre noch lanc. Wiltû, daz dir niht verre noch lanc ensî, sô vüege dich ze gote, wan dâ sint tûsent jâr als der tac hiute. Alsô spriche ich: in gote enist niht trûricheit noch leit noch ungemach. Wiltû ledic sîn alles ungemaches und leides, sô halt dich und kêre dich lûterlîche ze gote aleine. Sicherlîche, allez leit kumet dâ von, daz dû dich niht enkêrest in got noch ze gote aleine. Stüendest dû in gerehticheit gebildet aleine und geborn, wærlîche, dich enmöhte als wênic iht leidic gemachen als diu gerehticheit got selben. Salomôn sprichet: ‹den gerehten enbetrüebet niht allez, daz im geschehen mac›. Er ensprichet niht ‹den gerehten menschen› noch ‹den gerehten engel› noch diz noch daz. Er sprichet ‹den gerehten›. Swaz des gerehten ihtes ist, sunder, daz sîn gerehticheit ist und daz er gereht ist, daz ist sun und hât vater ûf ertrîche und crêatûre und ist gemachet und geschaffen, wan sîn vater ist crêatûre gemachet oder geschaffen. Aber gereht lûter, wan daz niht geschaffen noch gemachet vater enhât und got und gerehticheit al ein ist und gerehticheit aleine sîn vater ist, dar umbe mac leit und ungemach als wênic in in gevallen als in got. Gerehticheit enmac in niht leidic gemachen, wan alliu vröude, liebe und wunne ist gerehticheit; und ouch, wan machete gerehticheit den gerehten leidic, sô machete si sich selben leidic. Unglîch und ungereht enmöhte niht noch iht gemachen noch geschaffen den gerehten leidic machen, wan allez, daz geschaffen ist, daz ist verre under im als verre als under gote und enhât keinen îndruck noch învluz in den gerehten noch gebirt sich niht in in, des vater got aleine ist. Her umbe sol der mensche gar vlîzic sîn, daz er sich entbilde sîn selbes und aller crêatûren, noch vater wizze dan got aleine; sô enmac in niht leidic gemachen noch betrüeben, weder got noch crêatûre, noch geschaffenez noch ungeschaffenez, und allez sîn wesen, le-

gabten Seele mit Gewißheit erkannt wird, findet der Mensch wahren Trost in allem Leid.

Der heilige Augustinus sagt: «Für Gott steht nichts fern, dauert nichts lang.» Willst du, daß dir nichts fern stehe und nichts lang dauere, dann halte dich an Gott, denn da sind tausend Jahre soviel wie der heutige Tag. Und ich sage so: In Gott gibt es keine Trauer, kein Leid, kein Unglück. Willst du alles Unglück und alles Leid los sein, dann wende dich zu Gott und halte dich ausschließlich an ihn, an ihn allein. Denn gewiß kommt alles Leid nur daher, daß du dich nicht in Gott umkehrst, nicht zu Gott allein. Lebtest du ganz in der Gerechtigkeit, von ihr geboren und nur von ihr geprägt, dann könnte – tatsächlich! – nichts dir Leid schaffen, so wenig wie die Gerechtigkeit Gott selbst Leid schafft. Salomon sagt: »Den Gerechten betrübt nichts von allem, was ihm geschehen kann.» Er sagt nicht: «den gerechten Menschen», auch nicht: «den gerechten Engel». Er sagt nicht: dies oder das, sondern er sagt: »den Gerechten». Was sonst zum Gerechten gehört, besonders, daß die Gerechtigkeit *seine* ist und daß *er* gerecht ist, das ist Sohn, das hat einen Vater auf der Erde, das ist Geschöpf, gemacht und erschaffen, denn sein Vater ist Geschöpf, gemacht oder erschaffen. Aber «gerecht», rein und für sich genommen, hat keinen Vater, der gemacht oder erschaffen wäre, und, da Gott und Gerechtigkeit völlig identisch sind und die Gerechtigkeit allein sein Vater ist, darum können Leid und Unglück so wenig auf ihn fallen wie auf Gott. Die Gerechtigkeit schafft ihm kein Leiden, denn Gerechtigkeit ist alle Freude, Liebe und Lust. Brächte die Gerechtigkeit dem Gerechten Leid, dann schüfe sie sich *selbst* dieses Leid. Kein Gegensatz und kein Unrecht, nichts, was gemacht oder erschaffen ist, kann den Gerechten leiden machen, denn alles, was geschaffen ist, das steht weit unter ihm, so weit wie unter Gott. All das hat keine Macht und keinen Einfluß auf den Gerechten, es gebiert sich nicht in ihn, dessen Vater Gott allein ist.

ben, bekennen, wizzen und minnen ist ûz gote und in gote und got.

Noch ist ein anderz, daz man wizzen sol, daz ouch den menschen trœstet in allem sînem ungemache. Daz ist, daz sicherlîche der gerehte und guote mensche sich vröuwet unglîche, jâ unsprechelîche mê in dem werke der gerehticheit dan er oder joch der oberste engel wunne hât und vröude in sînem natiurlîchen wesene oder lebene. Und dar umbe gâben die heiligen vrœlîche ir leben durch die gerehticheit.

Nû spriche ich: sô dem guoten und gerehten menschen schade geschihet ûzerlîche, ist, daz er blîbet glîches gemüetes und in vride sînes herzen unbeweget, sô ist wâr, daz ich gesprochen hân, daz den gerehten niht enbetrüebet allez, daz im geschihet. Ist aber, daz er betrüebet wirt von dem ûzerlîchen schaden, wærlîche, sô ist gar billich und reht, daz got verhenget hât, daz der schade dem menschen ist geschehen, der dâ wolte und wânde gereht sîn und in doch sô kleiniu dinc betrüeben mohten. Ist ez danne reht gotes, wærlîche, sô sol er sich des niht betrüeben, sunder er sol sich des vröuwen vil mê dan sînes eigenen lebens, des sich doch mê vröuwet und werder ist einem ieglîchen menschen dan alliu disiu werlt; wan waz hülfe dem menschen alliu disiu werlt, als er niht enwære ?

Daz dritte wort, daz man wizzen mac und sol, ist, daz in natiurlîcher wârheit ein einiger brunne und âder aller güete, wesender wârheit und trôstes ist got aleine, und allez, daz got niht enist, daz hât von im selber natiurlîche bitterkeit und untrôst und leit und enleget nihtes niht zuo der güete, diu von gote und got ist, sunder si minnert und bedecket und verbirget süezicheit, wunne und trôst, den got gibet.

Darum soll der Mensch allen Eifer darauf wenden, daß er sich seiner selbst und aller Geschöpfe entbilde. Er soll keinen Vater kennen als Gott allein – dann kann nichts ihn leiden machen oder betrüben, weder Gott noch Geschöpf, weder Geschaffenes noch Ungeschaffenes. Sein ganzes Sein, sein Leben, Erkennen, Wissen und Lieben ist aus Gott und in Gott, es ist Gott selbst.[4]

Noch etwas muß man wissen, was auch den Menschen tröstet in all seinem Unglück, nämlich: Der gerechte und gute Mensch freut sich gewiß viel mehr, ja unsagbar mehr am Tun der Gerechtigkeit als er oder selbst der oberste Engel Freude und Lust an seinem naturhaften Sein oder Leben hat. Deswegen gaben die Heiligen heiter ihr Leben hin für die Gerechtigkeit.

Nun sage ich: Geschieht dem guten und gerechten Menschen äußerer Schaden und bleibt er gleichmütig, unbewegt im Frieden seines Herzens, so ist wahr, was ich gesagt habe: Nichts, was ihm geschieht, macht den Gerechten traurig. Macht ihn aber ein äußerer Schaden traurig, dann ist es wahrhaftig nur billig und recht, daß Gott diesen Schaden über ihn verhängt hat. Denn er wollte gerecht sein, er glaubte, es zu sein, und doch konnten so kleine Dinge ihn traurig machen. Ist das Gottes Recht, dann soll er deswegen wahrhaftig nicht traurig sein, sondern er soll sich darüber mehr freuen als über sein eigenes Leben, über das sich doch jeder mehr freut und das jedem lieber ist als alle Dinge dieser Welt. Denn was nützte dem Menschen diese ganze Welt, wenn er nicht wäre?

Das Dritte, was man wissen kann und soll, ist dies: Natürlicher Wahrheit gemäß ist Gott allein die einzige Quelle und Ader allen Gutseins, wirklicher Wahrheit und Trostes. Alles, was Gott nicht ist, hat von sich aus naturhafte Bitterkeit, Kummer und Leid. Es bringt zum Gutsein nichts hinzu, das Gott ist und das von Gott ist. Vielmehr vermindert, bedeckt und verbirgt es die Süßigkeit, die Lust und den Trost, die Gott gibt.

Nû spriche ich vürbaz, daz allez leit kumet von liebe des, daz mir schade hât benomen. Ist mir danne schade ûzerlîcher dinge leit, daz ist ein wâr zeichen, daz ich minne ûzerlîchiu dinc und minne in der wârheit leit und untrôst. Waz wunders ist danne, daz ich leidic wirde, sô ich leit und untrôst minne und suoche? Mîn herze und mîn minne gibet die güete der crêatûre, daz gotes eigenschaft ist. Ich kêre mich gegen der crêatûre, dannen untrôst von natûre kumet, und kêre mich von gote, von dem aller trôst ûzvliuzet. Waz wunders ist daz danne, daz ich leidic wirde und trûric bin? Wærlîche, vürwâr unmügelich ist gote und aller der werlt, daz der mensche gewâren trôst vinde, der trôst suochet an den crêatûren. Der aber got minnete aleine in der crêatûre und die crêatûre in gote aleine, der vünde gewâren, rehten und glîchen trôst in allen enden. Diz sî nû genuoc von dem êrsten teile dis buoches.

II.

Nû volget hernâch in dem andern teile von den stücken bî drîzigen, der ieglîchez aleine billîche trœsten sol den redelîchen menschen in sînem leide.

Daz êrste ist: wan allez ungemach und schade enist niht sunder gemach, noch kein schade enist lûter schade. Dar umbe sprichet sant Paulus, daz gotes triuwe und güete enlîdet des niht, daz kein bekorunge oder betrüepnisse unlîdelich werde. Er machet und gibet alle zît etwaz trôstes, dâ mite man sich behelfen mac; wan ez sprechent ouch die heiligen und die heidenischen meister, daz got und natûre enlîdet niht, daz lûter bœse oder leit müge gesîn.

Nû setze ich, daz ein mensche hât hundert mark; der verliuset er vierzic und beheltet sehzic. Wil der mensche nû alle zît gedenken an die vierzic, die er hât verlorn, sô blîbet

Dann sage ich weiter: Alles Leid kommt aus der Liebe zu dem, was das Unglück mir genommen hat. Leide ich am Verlust äußerer Dinge, so ist das ein wahres Zeichen dafür, daß ich äußere Dinge, also in Wahrheit Leid und Untrost liebe. Ist es dann ein Wunder, daß ich leide? Ich liebe und suche doch Kummer und Leid! *Mein Herz und meine Liebe gibt dem Geschöpf das Gutsein, das doch Gott allein eigen ist.*[5] Ich wende mich dem Geschöpf zu, von dem seiner Natur nach Kummer kommt, und wende mich von Gott ab, aus dem aller Trost fließt. Was Wunders, wenn ich dann leide und traurig bin? Denn das ist tatsächlich bei Gott und der ganzen Welt unmöglich, daß ein Mensch wirklichen Trost findet, wenn er Trost sucht bei Geschöpfen. Liebte aber jemand Gott allein in den Geschöpfen und die Geschöpfe in Gott allein, dann fände er überall wahren, richtigen und gleichbleibenden Trost. Das sei nun genug für den ersten Teil dieses Buchs.

II.

Jetzt folgen im zweiten Teil an die dreißig Beweisstücke, von denen jedes einzelne einen vernünftigen Menschen trösten kann in seinem Leid.

Das erste ist: Es gibt kein Unglück und keinen Schaden ohne Glück. Kein Schaden ist reiner Schaden. Darum sagt der heilige Paulus, Gottes Treue und Güte dulde nicht, daß irgendeine Prüfung oder Betrübnis unerträglich wird. Er schafft und gibt immer etwas von Trost, mit dem man sich behelfen kann. Daher sagen sowohl die heiligen wie die heidnischen Meister, Gott und die Natur duldeten nicht das pure Böse oder das reine Leid.

Nun nehme ich einmal an, ein Mensch besitze hundert Mark, verliere davon vierzig und behalte sechzig. Denkt dieser Mensch nun immer an die vierzig, die er verloren hat,

er ungetrôst und riuwic. Wie möhte der getrœstet sîn und âne leit, der sich kêret ze dem schaden und ze dem leide und bildet daz in sich und sich darîn und sihet daz ane, und es sihet wider in ane und kôset mit im und sprichet mit dem schaden, und der schade kôset wider mit im und sehent sich ane von antlitze ze antlitze? Wære aber, daz er sich kêrte ûf die sehzic mark, die er noch hât und den rücke kêrte den vierzigen, die verlorn sint, und widerbildete sich in die sehzic und sæhe die ane von antlitze ze antlitze und kôsete mit in, sô würde er sicherlîche getrœstet. Daz iht ist und guot ist, daz mac trœsten; daz aber niht enist noch guot enist, daz mîn niht enist und mir verlorn ist, daz muoz von nôt untrôst geben und leit und betrüepnisse. Dâ von sprichet Salomôn: ‹in den tagen des leides vergiz niht der tage der güete›. Daz ist gesprochen: sô dû bist in leide und in ungemache, sô gedenke des guoten und des gemaches, daz dû noch hâst und beheltest. Ouch sol daz aber den menschen trœsten, ob er gedenken wil, wie manic tûsent der sint, hæten sie sehzic mark, die dû noch hâst, sie diuhte, daz sie herren und vrouwen wæren und daz sie vil rîche wæren und von herzen vrô.

Noch ist aber ein anderz, daz den menschen trœsten sol. Ist er siech und in grôzem smerzen sînes lîbes, doch hât er daz hûs und sîn nôtdurft an spîse und an tranke, an râte der arzete und an dienste sînes gesindes, an klage und an bîwesenne sîner vriunde: wie solde er tuon? Wie tuont arme liute, die daz selbe oder grœzer siechtagen und ungemach hânt und enhânt nieman, der in kalt wazzer gebe? Sie müezen daz blôze brôt suochen in dem regen und in dem snê und in der kelte von hûse ze hûse. Dar umbe, wiltû getrœstet werden, sô vergiz der, den baz ist, und gedenke alles der, den wirs ist.

so bleibt er bedrückt und ohne Trost. Wie könnte auch der getröstet sein und ohne Leid, der sich ständig dem Verlust zuwendet und dem Leid? Er stellt es ja ständig her und versetzt sich in es hinein; er sieht es ständig an, und es wiederum sieht ihn an und spricht mit ihm; er redet mit dem Verlust, und der Verlust redet mit ihm, und die beiden sehen sich an, von Angesicht zu Angesicht. Wendete er sich aber den sechzig Mark zu, die er noch besitzt, und kehrte er den vierzig Mark, die er verloren hat, den Rücken, versetzte er sich in die sechzig Mark, sähe er die von Angesicht zu Angesicht und redete ständig mit ihnen, dann wäre er gewiß getröstet. Was *da* ist und was gut ist, kann trösten; was aber nicht ist oder was nicht gut ist, was nicht mir ist und was mir verloren ging, das muß notwendigerweise Untrost geben, Leid und Kummer.

Deswegen sagt Salomon: «Vergiß nicht in den Tagen des Leids die Tage des Glücks!» Das heißt: Bist du in Leid und Unglück, dann denke an das Gute und an das Glück, das du noch hast und behältst. Trösten wird den Menschen aber auch, wenn er sich klar macht, wie viele tausend Menschen es gibt, die, wenn sie die sechzig Mark besäßen, die du noch hast, sich für große Herren und Damen hielten. Sie würden glauben, steinreich zu sein und wären von Herzen froh.

Es gibt noch einen zweiten Grund, den Menschen zu trösten: Ist er krank und leidet schwere körperliche Schmerzen, hat aber noch das Haus und was er braucht an Essen und Trinken, an Beratung der Ärzte und Bedienung seiner Leute, an Klage und Beistand seiner Freunde – wie kann der sich beschweren? Was machen denn die armen Leute, die an der gleichen oder an einer noch schwereren Krankheit leiden und niemanden haben, der ihnen auch nur kaltes Wasser bringt? Trockenes Brot müssen sie sich erbetteln von Haus zu Haus, bei Regen, bei Schnee und bei Kälte. Willst du also getröstet werden, dann vergiß die, denen es besser geht, und denke immer an die, denen es schlechter geht.

Vürbaz spriche ich: allez leit kumet von liebe und von minne. Dar umbe, hân ich leit umbe zergenclîchiu dinc, sô hân ich und hât mîn herze noch liebe und minne ze zergenclîchen dingen und enhân got niht von allem mînem herzen liep und enminne noch niht, daz got wil von mir und mit im geminnet hân. Waz wunders ist danne, daz got verhenget, daz ich gar billîche schaden und leit lîde ?

Sant Augustînus sprichet: «herre, ich enwolte dich nicht verliesen, ich wollte aber mit dir besitzen die crêatûren von mîner gîticheit; und dar umbe verlôs ich dich, wan dir ist unmære, daz man mit dir, der wârheit, valscheit und trüge der crêatûren besitze». Er sprichet ouch anderswâ, daz «der alze gîtic ist, dem an gote aleine niht engenüeget». Und anderswâ sprichet er: «wie möhte dem genüegen an gotes gâben an den crêatûren, dem an gote selben niht engenüeget ?» Einem guoten menschen ensol niht trôst, sunder ein pîn sîn allez, daz gote vremde und unglîch ist und niht got selbe aleine enist. Er sol alle zit sprechen: herre got und mîn trôst, wîsest dû mich ûf iht von dir, sô gip mir einen andern dich, daz ich gange von dir ze dir, wan ich enwil niht wan dich. Dô unser herre gelobete Moises allez guot und sante in in daz heilige lant, daz daz himelrîche meinet, dô sprach Moises: herre, niergen ensende mich, dû enwellest danne selber mite komen.

Alliu neigunge, lust und minne kumet von dem, daz im glîch ist, wan alliu dinc neigent und minnent ir selbes glîch. Der reine mensche minnet alle reinicheit, der gerehte minnet und neiget ze gerehticheit; der munt des menschen sprichet von dem, daz im inne ist, als unser herre sprichet, daz ‹der munt sprichet von der vülle des herzen›, und Salomôn sprichet, daz ‹des menschen arbeit ist im in dem munde›. Dar umbe ist daz ein wâr zeichen, daz niht got,

Außerdem behaupte ich: Alles Leiden kommt von Liebe und vom Angetansein. Leide ich also wegen vergänglicher Dinge, dann habe ich, dann hat mein Herz noch Liebe und Anhänglichkeit zu vergänglichen Dingen, dann liebe ich Gott nicht mit ganzem Herzen, dann liebe ich noch nicht das, was Gott will, daß ich es mit ihm liebe. Was braucht man sich da zu wundern, daß Gott mit Recht Unglück und Leiden über mich verhängt?

«Herr, verlieren wollte ich dich nicht», schreibt der heilige Augustinus, «nur wollte ich in meiner Gier dich zusammen mit den Geschöpfen besitzen. Deshalb habe ich dich verloren. Denn du duldest nicht, daß jemand zusammen mit dir, der du die Wahrheit bist, die Verkehrtheit und die Lüge der Geschöpfe besitzt.» An anderer Stelle schreibt er noch: «Wem Gott allein nicht genügt, ist allzu gierig.» Und anderswo schreibt er: «Wie könnten dem, dem Gott selbst nicht genügt, Gottes Gaben, die Geschöpfe, genügen?» Einem guten Menschen soll alles, was Gott fremd und ungleich, ja was nicht Gott selbst ist, kein Trost, sondern eine Qual sein. Er soll immer sagen: «Herr, mein Gott und mein Trost, verweist du mich von dir weg auf etwas anderes, dann gib mir einen anderen dich, damit ich von dir zu dir gehe, denn ich will nichts als dich.» Als unser Herr dem Moses alles mögliche Gute versprach und ihn in das Heilige Land – gemeint ist der Himmel – schickte, da antwortete Moses: «Herr, schicke mich nirgends hin, es sei denn, du gehst mit.»

Jede Hinneigung, Freude und Liebe kommt von dem, was einem gleicht. Denn alle Wesen haben Drang und Liebe zu dem, was ihnen gleicht. Der reine Mensch liebt die Reinheit, der Gerechte drängt zur Gerechtigkeit und liebt sie. Der Mund des Menschen redet von dem, was in ihm ist; so sagt ja auch unser Herr, «der Mund spricht von dem, wovon das Herz voll ist», und Salomo sagt: «Woran ein Mensch sich abmüht, das ist auch in seinem Mund.» Wenn also ein

sunder diu crêatûre ist in des menschen herzen, der noch ûzer neigunge und trôst vindet.

Dâ von solde sich ein guot mensche gar vaste schamen vor gote und vor im selben, daz er noch gewar wirt, daz got niht in im enist und got der vater niht in im enwürket diu werk, sunder diu leidige crêatûre noch in im lebet und neiget in und würket in im diu werk. Dar umbe sprichet künig Dâvît und klaget in dem salter: ‹trehene wâren mîn trôst tac und naht; alle die wîle man noch sprechen mohte: wâ ist dîn got ?› Wan neigen ûf ûzerlicheit und an untrôste trôst vinden und dâ von mit lust gerne und vil reden ist ein wâr zeichen, daz got in mir niht erschînet, niht enwachet, niht enwürket. Ouch vürbaz sollte er sich schamen vor gouten liuten, daz sie des an im gewar würden. Ein guot mensche ensol niemer schaden geklagen noch leit; er sol daz aleine klagen, daz er klage und daz er klagennes und leides in im gewar wirt.

Die meister sprechent, daz unden an dem himel ist viur vil wît und sunder mittel und kreftic in siner hitze, und doch enwirt der himel von im nihtes niht berüeret alzemâle. Nû sprichet ein geschrift, daz daz niderste der sêle ist edeler dan des himels hœhstez. Wie mac danne der mensche sich vermezzen, daz er ein himelischer mensche sî und daz sîn herze in dem himel sî, der noch betrüebet wirt und leidic von sô kleinen dingen ?

Nû spriche ich ein anderz. Ein guot mensche enmac niht gesîn, der dâ niht enwil, daz got sunderlîche wil, wan unmügelich ist, daz got iht welle wan guot; und sunderlîche in dem und von dem, daz ez got wil, sô wirt ez und ist von nôt guot und ouch daz beste. Und dar umbe lêrte unser herre die aposteln und uns in in, und wir biten alle tage, daz gotes wille gewerde. Und doch, wenne gotes wille kumet und gewirdet, sô klagen wir.

Mensch nach außen drängt und dort Trost findet, dann ist das ein untrügliches Zeichen, daß nicht Gott, sondern die Geschöpfe in seinem Herzen wohnen.

Ein guter Mensch sollte sich daher sehr schämen – vor Gott und vor sich selbst, wenn er erkennen muß, daß in seinem Innern nicht Gott ist und daß nicht Gott der Vater in ihm die Taten bewirkt, sondern daß das elende Geschöpf noch in ihm lebt, ihn drängt und seine Taten bewirkt. Darum klagt König David im Psalter: «Tränen waren mein Trost, Tag und Nacht, da man noch sagen konnte: Wo ist dein Gott?» Denn auf Äußeres drängen, an Trostlosem Trost finden und davon noch mit Lust viel reden, das ist ein untrügliches Zeichen, daß Gott in mir nicht aufscheint, nicht wacht und nicht wirkt. Außerdem soll dieser Mensch sich schämen vor guten Leuten, wenn sie das an ihm bemerkten. Ein guter Mensch soll nie Schaden oder Leid beklagen, sondern nur beklagen, daß er klagt und daß er Klagen und Leid in sich wahrnimmt.

Die Meister lehren, direkt unterhalb des Himmels gebe es ein weitausgebreitetes heftiges Feuer, und doch wird der Himmel von ihm in keiner Weise in Mitleidenschaft gezogen. Nun lehrt ein Buch, das Niederste der Seele sei vornehmer als das Höchste des Himmels. Wie kann da ein Mensch es wagen, sich vorzustellen, er sei ein himmlischer Mensch und sein Herz sei im Himmel, wenn so kleine Dinge ihn noch betrüben und leiden machen?

Nun sage ich noch etwas anderes: Niemand kann ein guter Mensch sein, der nicht bis ins Einzelne will, was Gott will. Denn es ist unmöglich, daß Gott etwas anderes will als das Gute. Denn gerade darin und dadurch, daß Gott es will, wird es gut und *muß* es gut, sogar das Beste sein. Darum lehrte unser Herr die Apostel und uns durch sie, und so bitten wir jeden Tag, daß Gottes Wille geschehe. Aber wenn Gottes Wille kommt und wenn er geschieht, dann klagen wir.

Senecâ, ein heidenischer meister, vrâget: waz ist der beste trôst in lidenne und in ungemache? und sprichet: daz ist, daz der mensche alliu dinc neme, als er des gewünschet habe und dar umbe gebeten habe; wan dû hætest es ouch gewünschet, ob dû wistest, daz alliu dinc von gotes, mit gotes und in gotes willen geschehent. Ez sprichet ein heidenischer meister: herzoge und oberster vater und herre des hôhen himels, allez, daz dû wilt, des bin ich bereit; gip mir willen, nâch dînem willen ze wellene.

Ein guot mensche sol des gote getrûwen, glouben und gewis sîn und got sô guoten wizzen, daz ez unmügelich gote sî und sîner güete und minne, daz er möhte lîden, daz dem menschen kein lîden oder leit zuo kome, eintweder er wölte dem menschen grœzer leit benemen oder in ouch ûf ertrîche grœzlîcher trœsten oder etwaz bezzers dâ von und dar ûz machen, dâ gotes êre breiter und grœzlîcher ane læge. Doch, swie daz sî: in dem aleine, daz ez gotes wille ist, daz ez geschehe, sô sol des guoten menschen wille alsô gar mit gotes willen ein und geeiniget sîn, daz der mensche daz selbe mit gote welle, nochdenne ob ez sîn schade und joch sîn verdüemnisse wære. Dar umbe wunschte sant Paulus, daz er von gote gesundert wære durch got und durch gotes willen und durch gotes êre.

Wan ein rehte volkomen mensche sol sich selben sô tôt gewenet sîn, sîn selbes entbildet in gote und in gotes willen sô überbildet, daz alliu sîn sælicheit ist, sich selben und allez niht wizzen und got aleine wizzen, niht wellen noch willen wizzen dan gotes willen und got wellen alsô bekennen, als got mich bekennet, als sant Paulus sprichet. Got bekennet allez, daz er bekennet, minnet und wil allez, daz er minnet und wil, in im selben in sîn selbes willen. Unser herre sprichet selber: ‹daz êwige leben ist got bekennen aleine›.

Seneca, ein heidnischer Meister, fragt: Was ist der beste Trost in Unglück und Leiden? Er antwortet: daß der Mensch alle Dinge aufnimmt als habe er sie gewünscht und erbeten. Denn du hättest es ja auch gewünscht, wenn du gewußt hättest, daß alle Dinge *aus* Gottes Willen, *mit* seinem Willen und *in* Gottes Willen geschehen. Ein heidnischer Meister betet: «Fürst und oberster Vater, Herr des hohen Himmels! Zu allem, was du willst, bin ich bereit. Gib mir den Willen, nach deinem Willen zu wollen!»

Ein guter Mensch soll Gott darin vertrauen, ihm glauben, dessen gewiß sein und von ihm wissen: Gott kann in seiner Güte und Liebe nur dann zulassen, daß den Menschen ein Leid oder Unglück trifft, wenn er dem Menschen dadurch größeres Leid ersparen oder ihn auch auf der Erde noch mehr trösten will. Oder er will, daß daraus etwas Besseres entstehe, an dem Gottes Ehre umfassender und stärker zu Tage träte. Doch, wie immer auch: Der Wille eines guten Menschen soll allein schon deshalb mit dem Willen Gottes so ganz eins und vereinigt sein, daß der Mensch dasselbe wie Gott will, weil es der Wille Gottes ist, und wäre es sein Unglück oder gar seine Verdammung. Darum wünschte der heilige Paulus, er wäre von Gott getrennt – um Gottes willen, um der Ehre und des Willens Gottes willen.

Denn ein wirklich vollkommener Mensch soll so eingeübt sein, für sich selbst tot zu sein, seiner selbst in Gott entbildet und in Gottes Willen so überbildet, daß seine ganze Seligkeit darin liegt, nichts von sich selbst und von allem zu wissen, sondern nur Gott allein zu wissen, nichts zu wollen und keinen Willen zu wissen außer dem Willen Gottes. Er will Gott so erkennen, wie Gott – nach dem Wort des heiligen Paulus – mich erkennt. Und Gott erkennt alles, was er erkennt, er liebt und will alles, was er liebt und will, in sich selbst in seinem eigenen Willen. Unser Herr selbst sagt: «Das ist das ewige Leben, Gott allein zu erkennen.»

Dar umbe sprechent die meister, daz die sæligen in dem himelrîche die crêatûren bekennent blôz aller bilde der crêatûren, die sie bekennent in dem einen bilde, daz got ist und dâ sich selben und alliu dinc got weiz und minnet und wil. Und daz lêret uns beten und begern got selber, dâ wir sprechen: ‹vater unser›, ‹geheiliget werde dîn name›, daz ist: dich bekennen blôz aleine; ‹zuo kome dîn rîche›, daz ich nihtes niht enhabe, daz ich rîche ahte und wizze dan dich rîche. Dâ von sprichet daz êwangelium: ‹sælic sint die armen des geistes, daz ist: des willen, und biten wir got, daz sîn ‹wille werde› ‹in der erde›, daz ist in uns, ‹als in dem himel›, daz ist in gote selben.

Ein sôgetân mensche ist sô einwillic mit gote, daz er allez daz wil, daz got wil und in der wîse, sô ez got wil. Und dar umbe, wan got etlîche wîs wil, daz ich ouch sünde hân getân, sô enwölte ich niht, daz ich sie niht enhæte getân, wan sô gewirdet gotes wille ‹in der erden›, daz ist in missetât, ‹als in dem himel›, daz ist in woltât. Sô wil der mensche gotes durch got enbern und von gote durch got gesundert sîn, und daz ist aleine rehtiu riuwe mîner sünden; sô ist mir sünde leit âne leit, als got hât leit aller bôsheit âne leit. Leit und meistez leit hân ich umbe sünde, wan ich entæte niht sünde umbe allez, daz geschaffen oder geschepfelich ist, ob joch tûsent werlte êwiclîche möhten wesen, doch âne leit; und ich nime und schepfe diu leit in gotes willen und ûz gotes willen. Sôgetân leit ist aleine volkomen leide, wan sie kumet und urspringet von lûterer minne der lûtersten güete und vröude gotes. Sô wirt wâr und wirt man gewar, daz ich in disem büechelîn gesprochen hân, daz der guote mensche, als verre er guot ist, tritet in alle die eigenschaft der güete selbe, diu got in im selber ist.

Nû merke, waz wunderlîches und wünniglîches lebens hât dér mensche ‹ûf erden› ‹als in dem himel› in gote selben! Im dienet ungemach in gemach und leit glîches als

Darum erklären die Meister: Die Seligen im Himmel erkennen die Geschöpfe unabhängig von jedem Bild der Geschöpfe. Sie erkennen sie in dem einen Bild, das Gott ist und in dem Gott sich selbst und alle Dinge weiß, liebt und will. Und genau das lehrt Gott selbst uns erbitten und danach zu verlangen, wenn wir sagen: «Vater unser, geheiligt werde dein Name», das heißt: dich zu erkennen, dich losgelöst, dich allein; «dein Reich komme»: daß ich überhaupt nichts habe und nichts für ein Reich erachte als allein dein Reich. Davon sagt das Evangelium: «Selig sind die Armen an Geist», das heißt: an Willen. Wir bitten Gott, daß «sein Wille geschehe» – «auf der Erde», das heißt: in uns, «wie im Himmel», das heißt: in Gott selber.

Ein solcher Mensch ist so willenseins mit Gott, daß er alles will, was Gott will, und daß er es so will, wie Gott es will. Wenn also Gott irgendwie will, daß ich gesündigt hätte, dann wollte ich nicht, daß ich nicht gesündigt hätte. Denn so geschieht Gottes Wille «auf Erden», das heißt: in der Missetat – wie «im Himmel», das heißt: in der guten Tat. So will der Mensch Gott um Gottes willen entbehren und von Gott um Gottes willen getrennt sein, und das allein ist die richtige Reue meiner Sünden. So leide ich an der Sünde ohne Leid, wie Gott an aller Bosheit leidet ohne Leid. Ich habe Leid, das größte Leid wegen der Sünde – denn wegen irgend etwas Geschaffenen oder Erschaffbaren würde ich keine Sünde tun, und gäbe es tausend Welten, die ewig bestünden –, jedoch ist dies ein Leiden ohne Leid,[6] und ich nehme und schöpfe das Leiden in Gottes Willen und aus Gottes Willen. Nur dieses Leid ist vollkommenes Leid, denn es entspringt und fließt aus der reinsten Liebe, der reinsten Güte und Freude Gottes. So wird wahr und so wird man gewahr, was ich in diesem kleinen Buch gelehrt habe: *Der gute Mensch, sofern er gut ist, tritt ein in alles, was dem Gutsein selbst, das Gott in sich selbst ist, eigen ist.*[7]

Nun achte darauf, was für ein außergewöhnliches und freudiges Leben ein solcher Mensch in Gott selbst hat – auf der Erde wie im Himmel. Unglück dient ihm zum Glück,

liep, und dâ bî merke doch in dem selben sunderlichen trôst: wan hân ich die gnâde und die güete, von der ich nû gesprochen hân, sô bin ich alle zît und in allen dingen glîche ganze getrœstet und vrô; enhân ich des niht, sô sol ich sîn enbern durch got und in gotes willen. Wil got geben, des ich beger, dar ane sô hân ich ez und bin in wunne; enwil got niht geben, sô nime ich ez enbernde in dem selben willen gotes, als er enwil niht, und alsô nime ich enbernde und niht nemende. Wes gebristet mir danne?

Und sicherlîche: eigenlîcher nimet man got enbernde dan nemende; wan sô der mensche nimet, sô hât diu gâbe in ir selben, warumbe der mensche vrô sî und getrœstet. Sô man aber niht ennimet, sô enhât man niht noch envindet noch enweiz man niht, des man sich vröuwe, dan got und gotes willen aleine.

Ouch ist aber ein ander trôst. Hât der mensche verlorn ûzerlich guot oder sînen vriunt oder sînen mâc, ein ouge, eine hant oder swaz daz ist, sô sol er des gewis sîn, ob er daz lîdet durch got gedulticlîche, sô hât er allez daz vor gote ze dem minsten, dar umbe er daz niht lîden enwölte. Ein mensche verliuset ein ouge: enwölte er nû des ougen niht enbern umbe tûsent oder umbe sehs tûsent mark oder mê, sô hât er vor gote und in gote im behalten sicherlîche allez daz, dar umbe er den schaden oder daz leit niht lîden enwölte. Und daz meinet vil lîhte, dâ unser herre sprach: ‹ez ist bezzer, daz dû komest in daz êwige leben mit einem ougen dan mit zwein ougen verlorn werden›. Daz meinet ouch vil lîhte, daz got sprach: ‹swer læzet vater und muoter, swester und bruoder, hof oder acker oder swaz daz ist, der sol nemen hundertvalt und êwic leben›. Sicherlîche getar ich daz sprechen in gotes wârheit und bî mîner sælicheit, daz, swer durch got und durch güete læzet vater und muoter, bruoder und swester oder swaz daz ist, der nimet hundertvalt in zweierleie wîse: ein ist, daz im wirt sîn vater, muoter, bruo-

Leid genau so wie Liebes. Achte dabei noch auf diesen einzigartigen Trost: Besitze ich die Gnade und das Gutsein, wovon ich soeben gesprochen habe, dann bin ich für alle Zeit und in allen Dingen gleichbleibend ganz getrost und froh; besitze ich sie aber nicht, so soll ich sie um Gottes Willen und in Gottes Willen entbehren. Gibt mir Gott, wonach ich verlange, so besitze ich es und bin glücklich; will Gott es mir aber nicht geben, so nehme ich es entbehrend im gleichen Willen Gottes, in dem er nicht will, also nehme ich es entbehrend und nicht-nehmend. Was fehlt mir dann?

Und gewiß nimmt man Gott im wahreren Sinn dieses Wortes in sich auf, wenn man ihn entbehrt, als wenn man ihn nimmt. Denn wenn der Mensch etwas bekommt, dann macht die Gabe von sich aus den Menschen froh und getröstet; bekommt er aber nichts, dann hat er nichts, dann findet er nichts, dann weiß er nichts, worüber er sich freuen könnte als Gott und Gottes Willen allein.[8]

Dann gibt es aber noch einen weiteren Trostgrund anderer Art: Hat ein Mensch ein äußeres Gut verloren oder seinen Freund, seinen Verwandten, ein Auge, eine Hand oder was auch immer, so soll er dessen gewiß sein: Wenn er das um Gottes willen geduldig erträgt, dann wird ihm das vor Gott mindestens zu dem Wert angerechnet, den er gegeben hätte, um das nicht erleiden zu müssen. Ein Mensch verliert ein Auge: Nehmen wir an, er hätte tausend oder sechstausend Mark oder mehr gegeben, um sein Auge nicht zu verlieren, dann bekommt er bestimmt vor Gott und in Gott so viel, wie er gegeben hätte, um den Schaden oder das Leid zu vermeiden. Das ist es wohl, was unser Herr hat sagen wollen mit den Worten: «Es ist besser, du kommst mit einem Auge ins ewige Leben als du gehst mit zwei Augen verloren.» Das bedeutet auch wohl das, was Gott sagte: «Wer Vater und Mutter, Schwester und Bruder verläßt, Hof, Acker oder was immer, der wird das Hundertfache bekommen und das ewige Leben.» Bei Gottes Wahrheit und bei meiner Seligkeit wage ich mit Gewißheit zu sagen: Wer um Gottes

der und swester hundert wîs lieber wan sie ieze sint. Ein ander wîse ist, daz niht aleine hundert, sunder alle liute, als verre sie liute und menschen sint, werdent im unglîche lieber dan im nû natiurlîche sîn vater, muoter oder bruoder liep sint. Daz der mensche des niht gewar enwirt, daz kumet alles und aleine dâ von, daz er noch niht lûterlîche durch got und durch güete aleine genzlîche gelâzen enhât vater und muoter, swester und bruoder und alliu dinc. Wie hât dér vater und muoter, swester und bruoder gelâzen durch got, der sie noch ûf erden vindet in sînem herzen, der noch wirt betrüebet und gedenket und sihet ane, daz got niht enist? Wie hât dér alliu dinc gelâzen durch got, der noch ahtet und anesihet diz und daz guot? Sant Augustînus sprichet: hebe ûf diz und daz guot, sô blîbet lûter güete in ir selber swebende in sîner blôzen wîte: daz ist got. Wan, als ich oben gesprochen hân: diz und daz guot enleget nihtes niht der güete zuo, sunder ez verbirget und bedecket die güete in uns. Daz bekennet und wirt gewar, swer daz sihet und schouwet in der wârheit, wan ez wâr ist in der wârheit, und dar umbe muoz man sîn dâ gewar werden und anders niergen.

Doch sol man wizzen, daz tugent haben und lîden wellen hât eine wîte, als wir ouch sehen in der natûre, daz ein mensche grœzer ist und schœner an bilde, an varwe, an wizzenne, an künsten dan ein ander. Alsô spriche ich ouch, daz ein guot mensche wol mac ein guot mensche sîn und doch berüeret werden und wanken von natiurlîcher liebe vaters, muoter, swester, bruoders minner und mê und doch niht vellic werden von gote noch von güete. Doch nâch dem ist er guot und bezzer, dar nâch er minner und mê getrœstet

und des Gutseins willen Vater und Mutter, Bruder und Schwester oder was auch immer verläßt, der bekommt das Hundertfache, und zwar auf doppelte Weise. Einmal, daß ihm dann Vater und Mutter, Bruder und Schwester hundertmal lieber werden, als sie es jetzt sind, sodann dadurch, daß ihm nicht nur hundert Menschen, sondern alle Leute, weil sie Leute, weil sie Menschen sind, ungleich lieber werden, als ihm jetzt natürlicherweise Vater, Mutter oder Bruder lieb sind. Daß der Mensch das nicht wahrnimmt, kommt einzig und allein daher, daß er noch nicht Vater und Mutter, Schwester und Bruder und alle Dinge rein um Gottes und des Gutseins willen völlig verlassen hat. Wie kann der Vater und Mutter, Schwester und Bruder um Gottes willen verlassen haben, der sie in seinem Herzen immer noch auf der Erde findet, den noch das, was nicht Gott ist, traurig macht, der es noch im Sinn hat und beachtet? Wie hat der alle Dinge um Gottes willen verlassen, der noch dieses und jenes Einzelgut schätzt und beachtet? Der heilige Augustinus sagt: «Nimm dieses und jenes Einzelgut weg, dann bleibt das reine Gute, das in sich selbst ruht in seiner reinen Grenzenlosigkeit: Das ist Gott». Denn dieses und jenes Einzelgut bringt, wie oben gesagt, zum Gutsein nichts hinzu, sondern verbirgt und verdeckt in uns das Gutsein. Das erkennt, das erfährt, wer es in der Wahrheit selbst sieht und betrachtet. Denn es ist wahr in der Wahrheit, deswegen muß man es dort und nirgendwo sonst wahrnehmen.

Aber man soll wissen: Tugend und Leidenwollen gibt es in abgestufter Weise. Wir sehen ja auch in der Natur, daß ein Mensch größer ist als ein anderer, daß er besser aussieht, daß er durch Wissen oder Fertigkeiten überlegen ist. So sage ich denn auch, daß ein guter Mensch, der noch mehr oder weniger berührt wird von natürlicher Liebe zu Vater, Mutter, Schwester und Bruder, ein guter Mensch sein kann; er kann noch schwanken, aber von Gott und Gutsein abfallen kann er nicht. Doch ist er in dem Maß gut oder besser, als er mehr

und berüeret wirt und gewar wirt natiurlîcher minne und neigunge ze vater und muoter, swester und bruoder und ze im selben.

Nochdenne, als ich dâ oben geschriben hân: künde ein mensche daz selbe nemen in gotes willen, als verre als gotes wille ist, daz menschlîche natûre den gebresten habe sunderlîche von gotes gerehticheit von des êrsten menschen sünde, und ouch, ob daz niht enwære, er wölte es gerne enbern in gotes willen, sô wære im gar reht und würde sicherlîche getrœstet in lîdenne. Daz meinet, daz sant Johannes sprichet, daz daz gewâre ‹lieht liuhtet in die vinsternisse›, und sant Paulus sprichet, daz ‹diu tugent wirt volbrâht in krankheit›. Möhte der diep wærlîche, genzlîche, lûterlîche, gerne, williclîche und vrœlîche den tôt lîden von minne der götlîchen gerehticheit, in der und nâch der got wil und sîn gerehticheit, daz der übeltætige getœtet werde, sicherlîche, er würde behalten und sælic.

Aber ein ander trôst ist: man envindet vil lîhte nieman, der niht ieman sô liep enhabe lebenden, daz er niht gerne enwölte enbern eines ougen oder blint sîn ein jâr, ob er dar nâch sîn ouge wider hæte und sînen vriunt alsô von dem tôde möhte erlœsen. Wölte danne ein mensche ein jâr enbern sines ougen durch eines menschen erlœsunge von dem tôde, der doch in kurzen jâren sterben muoz, sô sol er gar billîche und gerner enbern zehen oder zwanzic oder drîzic jâr, diu er vil lîhte noch leben möhte, umbe daz er sich selben êwiclîche sælic machete und êwiclîche sehende werde got in sînem götlîchen liehte und in gote sich selben und alle crêatûren.

Aber ist ein ander trôst: ein guot mensche, als verre er guot ist und von güete aleine geborn und ein bilde der güete, sô ist im allez daz unmære und ein bitter leit und schade, daz geschaffen ist und diz und daz ist. Und dar umbe:

oder weniger getröstet und berührt wird von natürlicher Liebe, die er an sich gewahr wird, zu Vater und Mutter, Schwester und Bruder und zu sich selbst. Und doch gilt, was ich oben geschrieben habe: Nähme ein Mensch auch diese Schwäche der menschlichen Natur in Gottes Willen hin, weil Gott es gewollt hat, speziell aus Gerechtigkeit wegen der Sünde des ersten Menschen, und wollte er, wenn es nicht so wäre, auch darauf noch in Gottes Willen gern verzichten, dann wäre er sehr wohl auf dem rechten Weg und fände mit Gewißheit Trost im Leiden. Das ist es, was der heilige Johannes sagen will, wenn er schreibt, das wahre Licht leuchtet in der Finsternis, und wenn der heilige Paulus sagt, die Tugend komme in der Schwachheit zur Vollendung. Könnte der Dieb in Wahrheit, mit ganzem Herzen, ohne Nebenmotive, gern, frei und mit Freude den Tod erleiden aus Liebe zur göttlichen Gerechtigkeit, in der und gemäß der Gott und seine Gerechtigkeit will, daß der Übeltäter getötet wird, er würde mit Sicherheit gerettet und selig.

Ein weiterer Trostgrund ist dieser: Es sieht doch wohl jeder Mensch einen anderen Menschen so gern am Leben, daß er gern für ein Jahr sein Auge entbehren oder blind sein möchte, wenn er auf diese Weise seinen Freund vom Tod retten könnte und er danach sein Auge wiederbekäme. Wollte also ein Mensch ein Jahr lang auf sein Auge verzichten, um einen Menschen, der nach ein paar Jahren ohnehin sterben muß, vor dem Tod zu retten, dann sollte er doch genau so mit gutem Grund und sogar noch lieber auf die zwanzig oder dreißig Jahre verzichten, die er vielleicht noch zu leben hätte, um sich selbst für immer selig zu machen, um in Ewigkeit Gott anzuschauen und in seinem göttlichen Licht sich selbst und alle Geschöpfe zu sehen.

Ein weiterer Trostgrund: Für einen guten Menschen – sofern er gut, sofern er allein aus dem Gutsein geboren und ein Abbild des Gutseins ist –, für den ist alles nur Leid, Bitterkeit und Verlust, was erschaffen und ein Dies und Das ist.

daz verliesen ist lôs werden und verliesen leit und ungemach und schaden. Wærlîche, leit verliesen ist ein gewâre trôst. Dar umbe ensol der mensche niht schaden klagen. Er sol vil mê klagen, daz im trôst unbekant ist, daz in trôst niht trœsten enmac, als der süeze wîn niht ensmacket dem siechen. Er sol klagen, als ich hie vorhin geschriben hân, daz er niht ganze entbildet enist der crêatûren und niht mit allem dem sînen îngebildet enist der güete.

Ouch sol ein mensche gedenken in sînem leide, daz got die wârheit sprichet und gelobet bî im selben, der wârheit. Entviele got sînem worte, sîner wârheit, er entviele sîner gotheit und enwære niht got, wan er ist sîn wort, sîn wârheit. Sîn wort ist, daz unser leit sol gewandelt werden in vröude. Sicherlîche, wiste ich vürwâr, daz alle mîne steine solten verwandelt werden in golt, ie mê ich danne steine hæte und grœzer, ie lieber mirz wære; jâ, ich erbæte steine und erwürbe sie, ob ich möhte, die grôz wæren und der vil; ie sie mê wæren und grœzer, ie sie mir lieber wæren. Alsô, sicherlîche würde der mensche krefticlîche getrœstet in allem sînem leide.

Noch ist ein anderz dem glîch: kein vaz enmac zweierleie trank in im gehaben. Sol ez wîn haben, man muoz von nôt wazzer ûzgiezen; daz vaz muoz blôz und îtel werden. Dar umbe, soltû götlîche vröude und got nemen, dû muost von nôt die crêatûren ûzgiezen. Sant Augustînus sprichet: «giuz ûz, daz dû ervüllet werdest. Lerne niht minnen, daz dû lernest minnen. Kêre dich abe, daz dû zuo gekêret werdest». Kürzlîche gesaget: allez, daz nemen sol und enpfenclich sîn, daz sol und muoz blôz sîn. Die meister sprechent: hæte daz ouge dekeine varwe in im, dâ ez bekennet, ez enbekente weder die varwe, die ez hæte, noch die, der ez niht enhæte;

Dies zu verlieren ist daher ein Freiwerden und Verlieren von Leid, Unglück und Schaden. Leid verlieren, das ist in Wirklichkeit ein wahrer Trost. Darum soll der Mensch keinen Schaden beklagen. Er soll vielmehr beklagen, daß er den wirklichen Trost nicht kennt und daß Trost ihn nicht trösten kann, so wie dem Kranken der gute Wein nicht schmeckt. Er soll beklagen, daß er den Geschöpfen nicht, wie ich vorhin geschrieben habe, völlig entbildet und er nicht mit allem, was zu ihm gehört, in das Gutsein hineingebildet ist.

Ein Mensch soll in seinem Leid auch bedenken, daß Gott die Wahrheit sagt und daß er bei sich selbst, das heißt: bei der Wahrheit Versprechungen macht. Fiele Gott von seinem Wort, von seiner Wahrheit, ab, dann fiele er von sich selbst ab, dann wäre er nicht Gott. Denn er ist sein Wort, er ist seine Wahrheit. Sein Wort ist aber, daß unser Leid verwandelt werden soll in Freude. Gewiß: Wäre ich sicher, daß alle meine Steine verwandelt werden sollen in Gold, je mehr Steine und je größere ich dann hätte, um so lieber wäre es mir, ja ich erbäte mir Steine. Wenn ich könnte, würde ich Steine erwerben, die groß wären und zahlreich, und je größer und zahlreicher sie wären, um so lieber wären sie mir. Mit einer solchen Überlegung würde der Mensch mächtig getröstet in allem seinem Leid.

Da ist noch ein Trost von derselben Art. Kein Gefäß kann zwei Arten von Getränk auf einmal fassen. Soll es Wein fassen, muß man notgedrungen das Wasser ausgießen: das Gefäß muß leer und frei gemacht werden. Willst du also Gott selbst und die göttliche Freude aufnehmen, dann mußt du die Geschöpfe ausgießen. Der heilige Augustinus sagt: «Schütte weg, damit du gefüllt wirst. Lerne nicht lieben, damit du lieben lernst. Wende dich ab, damit du zugewendet wirst.» Kurz: Was aufnehmen und empfänglich sein soll, das soll und muß leer sein. Die Meister lehren: Gäbe es im Auge beim Wahrnehmen irgendeine Farbe, dann nähme es keine

wan ez aber blôz ist aller varwen, dâ von bekennet ez alle varwe. Diu want hât varwe an ir, und dar umbe enbekennet si weder ir varwe noch kein ander varwe und enhât keinen lust von der varwe, niht mê von golde oder von lâsûre dan von kolvarwe. Daz ouge enhât ir niht und hât sie wærlîche, wan ez bekennet sie mit lust und mit wunne und mit vröude. Und dar nâch daz die krefte der sêle durnehtiger und vürbaz blôz sint, dar nâch nement sie mê durnehticlîcher und wîter, swaz sie nement, und enpfâhent wîter und hânt grœzer wunne und werdent mê ein mit dem, daz sie nement, alsô verre, daz diu oberste kraft der sêle, diu aller dinge blôz ist und mit nihte niht gemeine enhât, ennimet niht minner dan got selben in der wîte und vülle des wesens. Und bewîsent die meister, daz der einunge und dem durchvluzze und der wunne sich niht glîchen enmac an lust und an wunne. Dar umbe sprichet unser herre gar merklîche: ‹sælic sint die armen in dem geiste›. Arm ist der, der niht enhât. Arm in dem geiste daz meinet: als daz ouge arm und blôz ist der varwe und enpfenclich aller varwen, alsô der arm ist an dem geiste, der ist enpfenclich alles geistes, und aller geiste geist ist got. Vruht des geistes ist minne, vröude und vride. Blôz, arm, niht-hân, îtel-sîn wandelt die natûre; îtel machet wazzer ze berge ûfklimmen und vil anders wunders, dâ von man nû niht sprechen ensol.

Dar umbe, wiltû ganze vröude und trôst haben und vinden in gote, sô sich, daz dû blôz sîst aller crêatûren, alles trôstes von den crêatûren; wan sicherlîche, alle die wîle daz dich trœstet und trœsten mac diu crêatûre, sô envindest dû niemer rehten trôst. Sô dich aber niht trœsten enmac dan got, wærlîche, sô trœstet dich got und mit im und in im allez, daz wunne ist. Trœstet dich, daz got niht enist, sô enhâst dû weder hie noch dâ <trôst>. Trœstet dich aber crêatûre

Farbe wahr – weder die, die in ihm ist, noch die, die nicht in ihm ist. Denn es erkennt nur deshalb alle Farben, weil es frei von allen Farben ist. Die Mauer hat Farbe an sich, deshalb erkennt sie keine Farbe, weder die eigene noch irgendeine andere; sie hat keine Freude an der Farbe; sie hat nicht mehr Freude an Gold oder Lasur als an Kohlenschwarz. Das Auge hat keine Farbe und hat sie deshalb in Wahrheit, denn es erkennt sie mit Lust, mit Glück und Freude. Dementsprechend nehmen die Kräfte der Seele das, was sie empfangen, um so vollkommener und reiner auf, je vollkommener und leerer sie sind; sie nehmen reiner auf und haben größere Freude und werden mehr eins mit dem, was sie aufnehmen. Das geht so weit, daß die oberste Kraft der Seele, die frei ist von allen Dingen und mit nichts etwas gemein hat, nicht weniger als Gott selbst aufnimmt in der Weite und Fülle seines Seins. Und die Meister beweisen, daß dieser Einswerdung, diesem Durchströmen und diesem Glück nichts an Lust und Glück vergleichbar ist. Deswegen sagt unser Herr mit Nachdruck: «Selig sind die Armen an Geist.» Arm ist der, der nichts hat. «Arm an Geist», das heißt: Wie das Auge arm und leer ist an Farbe und dadurch empfänglich für alle Farben, so ist der, der arm ist an Geist, empfänglich für allen Geist, und Gott ist der Geist aller Geister. Frucht des Geistes ist Liebe, Freude und Friede. Das Bloß-, Arm- und Leersein, das Nicht-Haben bewegt die Natur. Die Leere macht, daß Wasser bergauf steigt, und bewirkt noch viele andere Wunder, von denen jetzt hier nicht die Rede sein soll.

Willst du daher vollen Trost und ganze Freude in Gott finden, dann sieh zu, daß du leer bist von allem Trost der Geschöpfe. Denn fest steht: Solange dich das Geschöpf tröstet und trösten kann, so lange findest du niemals richtigen Trost. Sobald dich aber nichts trösten kann als Gott allein, dann tröstet dich in Wahrheit Gott und mit ihm und in ihm alles, was Glück ist. Tröstet dich, was nicht Gott ist, so hast du weder hier noch dort Trost. Tröstet dich aber das Ge-

niht und ensmacket dir niht, sô vindest dû beidiu hie und dâ trôst.

Möhte und künde der mensche einen becher zemâle îtel gemachen und îtel behalten von allem dem, daz vüllen mac, ouch luftes, âne zwîvel der becher verzige und vergæze aller sîner natûre, und îtelkeit trüege in ûf biz an den himel. Alsô treget blôz, arm und îtel aller crêatûren die sêle ûf ze gote. Ouch ziuhet ûf in die hœhe glîchnisse und hitze. Glîchnisse gibet man dem sune in der gotheit, hitze und minne dem heiligen geiste. Glîchnisse in allen dingen, sunderlîche mê und ze dem êrsten in götlîcher natûre, ist geburt des einen, und glîchnisse von einem, in einem und mit einem ist ein begin und ursprunc der blüejenden, hitzigen minne. Ein ist begin âne allen begin. Glîchnisse ist begin von dem einen aleine und nimet, daz ez ist und daz es begin ist, von dem und in dem einen. Minne hât von ir natûre, daz si vliuzet und urspringet von zwein als ein. Ein als ein engibet niht minne, zwei als zwei engibet niht minne; zwei als ein gibet von nôt natiurlîche, williclîche, hitzige minne.

Nû sprichet Salomôn, daz alliu wazzer, daz ist alle crêatûren, vliezent und loufent wider in irn begin. Dar umbe sô ist von nôt wâr, als ich gesprochen hân: glîchnisse und hitzige minne ûfziuhet und leitet und bringet die sêle in den êrsten ursprunc des einen, daz ‹vater› ist ‹aller› ‹in dem himel und in der erde›. Sô spriche ich danne, daz glîchnisse, geborn von einem, ziuhet die sêle in got, als er ist ein in sîner verborgenen einunge, wan daz meinet ein. Des hân wir ein offenbâr angesiht: sô daz lîplîche viur enbrennet daz holz, ein vunke enpfæhet des viures natûre und wirt glîch dem lûtern viure, daz âne allez mittel haftet unden an dem himel. Alzehant vergizzet und verzîhet er vater und muoter, bruoder und swester ûf der erde und jaget ûf an den himelschen vater. Vater hie nieden des vunken ist daz viur, muoter sîniu

schöpf nicht und schmeckt es dir nicht, dann findest du hier wie dort Trost.

Möchte und könnte der Mensch einen Becher völlig entleeren und leer von allem Inhalt bewahren, auch von Luft, der Becher würde ohne Zweifel seine Natur verleugnen und vergessen; die Leere trüge ihn hinauf zum Himmel. Genau so trägt Bloß-, Arm- und Leersein die Seele hinauf zu Gott. Genau so ziehen Gleichheit und Hitze nach oben. Gleichheit wird in der Gottheit dem Sohn zugeeignet, Glut und Liebe dem Heiligen Geist. Gleichheit ist in allen Dingen ein Produkt des Einen, vor allem und zuerst ist sie es in der göttlichen Natur. Die Gleichheit aus dem Einen ist mit dem Einen und in dem Einen Ursprung und Anfang der ausblühenden glühenden Liebe. Das Eine ist Anfang ohne Anfang. Gleichheit ist Anfang allein aus dem Einen; sie empfängt, was sie ist und daß sie Anfang ist aus und in dem Einen. Es liegt in der Natur der Liebe, daß sie aus Zweien, die eins sind, ausfließt und entspringt. Das Eine als Eines ergibt keine Liebe, Zwei als Zwei ergeben auch keine Liebe, Zwei als Eins, das ergibt mit Notwendigkeit naturentsprechende, frei gewollte, glühende Liebe.

Nun sagt Salomon: Alle Wasser – das heißt: alle Geschöpfe – laufen und fließen in ihren Ursprung zurück. Darum ist, was ich gesagt habe, mit Notwendigkeit wahr: Gleichheit und Glut der Liebe ziehen und lenken und tragen die Seele hinauf in den ersten Ursprung, ins Eine, das der Vater aller ist im Himmel und auf Erden. So sage ich denn: Gleichheit, geboren aus dem Einen, zieht die Seele in Gott hinein, insofern er das Eine ist in seiner verborgenen Kraft der Einung – denn sie ist mit «dem Einen» gemeint. Davon haben wir eine unverborgene Anschauung: Wenn Feuer das Holz entzündet, dann nimmt ein Funke das Wesen des Feuers an und wird dem reinen Feuer gleich, das unmittelbar unter dem Himmel seinen Ort hat. Sofort vergißt er und verläßt Vater, Mutter, Bruder und Schwester auf der Erde

ist das holz, bruoder und swester sîn sint die andern vunken; der enbeitet daz êrste vünkelîn niht. Ez jaget ûf snelliclîchen ze sînem rehten vater, daz der himel ist; wan, swer bekennet die wârheit, der weiz wol, daz daz viur niht enist ein reht, wâr vater des vunken, als ez viur ist. Der rehte, wâre vater des vunken und alles viuriges ist der himel. Noch ist daz gar sêre ze merkenne, daz diz vünkelîn niht aleine læzet und vergizzet vater und muoter, bruoder und swester ûf ertrîche; mêr ez læzet und vergizzet und verzîhet ouch sîn selbes von minne ze komenne ze sînem rehten vater, dem himel, wan ez muoz von nôt verleschen in der kelte der luft; doch wil ez bewîsen natiurlîche minne, die ez ze sînem wâren, himelschen vater hât.

Und als vor ist gesaget von îtelkeit oder blôzheit, daz, nâch dem als diu sêle durnehtiger, blœzer und ermer ist und minner hât der crêatûren und îteler ist aller dinge, diu niht got ensint, dar nâch nimet si got lûterlîcher und mê in gote und wirt vürbaz ein mit gote und sihet in got und got in sie von antlitze ze antlitze als in einem bilde überbildet, als sant Paulus sprichet, alsô spriche ich nû von glîchnisse und von der minne hitze: wan nâch dem, daz iht dem andern glîcher ist, dar nâch jaget ez mê dar zuo und ist sneller und ist im sîn louf süezer und wünniclîcher; und ie ez verrer kumet von im selben und von allem dem, daz jenez niht enist, dâ ez zuo jaget, und ie unglîcher <ez wirt> im selben und allem dem, daz jenez niht enist, dar nâch wirt ez ie glîcher dem, dar zuo ez jaget. Und wan glîchnisse vliuzet von dem einen und ziuhet und locket von der kraft und in der kraft des einen, dar umbe engestillet noch engenüeget niht noch dem, daz dâ ziuhet, noch dem, daz dâ gezogen wirt, biz daz sie in ein vereinet werdent. Dar umbe sprach unser herre in

und jagt hinauf zum himmlischen Vater. Hier unten ist das Feuer der Vater des Funkens, seine Mutter ist das Holz, seine Brüder und Schwestern sind die anderen Funken. Der erste kleine Funke wartet nicht auf sie, er jagt schnell hinauf zu seinem wirklichen Vater, das heißt: zum Feuerhimmel. Denn wer die Wahrheit kennt, der weiß wohl, daß das Feuer, sofern es Feuer ist, nicht der richtige, der wahre Vater des Funkens ist. Der richtige, der wahre Vater des Funkens und alles Feurigen ist der Feuerhimmel. Hier ist außerdem sehr zu beachten: Dieser kleine Funke verläßt nicht nur Vater und Mutter, Bruder und Schwester unten auf der Erde, nein, er verläßt, er vergißt, er verleugnet sogar sich selbst aus Liebesdrang, um zu seinem richtigen Vater, dem Feuerhimmel, zu kommen. Er muß mit Notwendigkeit erlöschen in der Kälte der Luft, dennoch will er die Liebe beweisen, die in seiner Natur liegt und die er zu seinem wahren himmlischen Vater hat.

Vorhin war die Rede von Leere und Nacktheit: Je reiner, je leerer, je ärmer die Seele ist, je weniger Erschaffenes sie besitzt und je leerer sie ist an allen Dingen, die nicht Gott sind, um so reiner nimmt sie Gott auf. Um so mehr nimmt sie in Gott auf und um so mehr wird sie eins mit Gott; sie sieht in Gott und Gott in ihr, von Angesicht zu Angesicht, wie überbildet in einem einzigen Bild, wie der heilige Paulus sagt. Dasselbe sage ich nun von Gleichheit und Liebesglut: In dem Maße, in dem etwas einem anderen gleicht, jagt es zu ihm hin. Um so schneller ist es, um so süßer und beglückender wird ihm sein Laufen. Je mehr es sich von sich selbst entfernt und je mehr es von allem wegkommt, was nicht das ist, wo es hinjagt, je ungleicher es mit sich selbst und mit allem wird, was jenes nicht ist, um so gleicher wird es dem, wo es hinjagt. Da Gleichheit aus dem Einen fließt und durch die Kraft und in der Kraft des Einen zieht und lockt, finden sie weder Ruhe noch Genüge, weder das, was zieht, noch das, was gezogen wird, bis sie in Eins vereint werden. Darum

dem wîssagen Isaias und meinte, daz kein hôch glîchnisse und kein vride der minne engenüeget mir, biz daz ich selbe in mînem sune erschîne und ich selbe in der minne des heiligen geistes enbrant und enzündet wirde. Und unser herre bat sînen vater, daz wir mit im und in im ein würden, nicht aleine vereinet. Dirre rede und dér wârheit hân wir ein offenlich bilde und bewîsunge in der natûre, ouch ûzerlîche: swenne daz viur würket und enzündet und enbrennet daz holz, sô machet daz viur alsô kleine daz holz und im selben unglîch und benimet im gropheit, kelte, swærheit und wezzericheit und machet das holz im selben, dem viure, glîch mê und mê; doch gestillet noch geswîget noch genüeget niemer weder viure noch holze an keiner wermde noch hitze noch glîchnisse, biz daz viur gebirt sich selben in das holz und gibet im sîne eigen natûre und ouch ein wesen sîn selbes, alsô daz allez ein viur glîche eigen ist, ungescheiden, weder minner noch mê. Und dar umbe, ê diz her zuo kome, sô ist dâ iemer ein rouch, ein widerkriec, ein prasteln, ein arbeit und ein strît zwischen viure und holze. Sô aber alliu unglîcheit wirt benommen und abegeworfen, sô gestillet daz viur und geswîget das holz. Und ich spriche mê in der wârheit, daz diu verborgen kraft der natûre hazzet verborgenlîche glîchnisse, als verre ez in im treget underscheit und zweiunge, und suochet in im daz ein, daz si in im und durch ez selbe aleine minnet, als der munt in dem und an dem wîne suochet und minnet den smak oder die süezicheit. Hæte wazzer den smak, den der wîn hât, sô minnete der munt den wîn niht mê dan daz wazzer.

Und dar umbe hân ich gesprochen, daz diu sêle in glîchnisse hazzet und enminnet niht glîchnisse als in ir und durch sie, sunder si minnet sie durch daz ein, daz in ir verborgen ist und wâr ‹vater› ist, ein begin âne allen begin, ‹aller› ‹in himel und in erde›. Und dar umbe spriche ich: alle die wîle daz noch glîchnisse wirt vunden und erschînet zwischen viure und holze, sô enist niemer wârer lust noch swîgen

sprach unser Herr im Propheten Jesaia: Keine noch so große Gleichheit und kein Friede der Liebe genügt mir, bis ich selbst in meinem Sohn offenbar und in der Liebe des Heiligen Geistes entflammt und entbrannt werde. *Und unser Herr bat seinen Vater, daß wir mit ihm nicht nur vereint, sondern in ihm eins würden. Für dieses Wort und diese Wahrheit haben wir ein sichtbares Bild und einen Beweis auch in der äußeren Natur: Wenn Feuer wirkt, wenn es Holz entzündet und in Brand setzt, dann macht das Feuer das Holz ganz fein; es macht es mit sich selbst ungleich und nimmt ihm Grobheit, Schwere, Kälte und Feuchtigkeit; es macht das Holz sich selbst, dem Feuer, mehr und mehr gleich. Aber weder Feuer noch Holz werden still und schweigen, bei keinem Grad von Wärme, Hitze oder Gleichheit finden sie Genügen – bis das Feuer sich selbst in das Holz gebiert und ihm seine eigene Natur und das eigene Sein gibt, so daß das alles ein Feuer ist, beiden gleich zu eigen, unterschiedslos, ohne ein Mehr oder Weniger.*[9]

Aber bevor das erreicht ist, entsteht immer Rauch, Kampf, Prasseln, Mühsal und Streit zwischen Feuer und Holz. Ist aber alle Ungleichheit weggenommen und fortgeworfen, wird das Feuer still und schweigt das Holz. *Und ich gehe noch weiter und sage in der Wahrheit: Die verborgene Kraft der Natur haßt im geheimen die Gleichheit, solange diese noch Unterschied und Zweiheit in sich trägt.*[10] Sie sucht in ihr das Eine, das sie in der Ähnlichkeit und allein um seinetwillen liebt, so wie der Mund im Wein und am Wein nur den Geschmack oder die Süßigkeit sucht und liebt. Besäße das Wasser den Geschmack, den der Wein hat, dann würde der Mund das Wasser genau so lieben wie den Wein.

Und das ist der Grund, warum ich gesagt habe, die Seele hasse Gleichheit. Sie liebt die Gleichheit nicht an sich und um ihrer selbst willen, sie liebt sie nur um des Einen willen, das in ihr verborgen und der wahre Vater aller ist im Himmel und auf Erden, ein Anfang ohne jeden Anfang.[11] Und darum sage ich: Solange noch Gleichheit zwischen Feuer und Holz gefunden wird und in Erscheinung tritt, kommt es niemals zur wahren

noch rast noch genüegede. Und dar umbe sprechent die meister: gewerden des viures ist mit widerkriege, mit andunge und unruowe und in der zît; aber geburt des viures und lust ist sunder zît und sunder verre. Lust und vröude endünket nieman lanc noch verre. Allez, daz ich nû gesprochen hân, daz meinet, daz unser herre sprichet: ‹sô diu vrouwe gebirt daz kint, sô hât si leit und pîn und trûricheit; sô aber daz kint geborn ist, sô vergizzet si leides und pîn›. Dar umbe sprichet ouch und manet uns got in dem êwangeliô, daz wir biten den himelschen vater, daz unser vröude volkomen werde, und sant Philippus sprach: ‹herre, wîse uns den vater, sô benüeget uns›; wan vater meinet geburt und niht glîchnisse und meinet daz ein, in dem geswîget glîchnisse und ist gestillet allez, daz begirde ze wesene hât.

Nû mac der mensche offenlîche bekennen, war umbe und wâ von er ungetrœstet ist in allem sînem leide, ungemache und schaden. Daz kumet alles und aleine dâ von, daz er verre von gote ist und niht ledic der crêatûre, gote unglîch und kalt an götlîcher minne.

Noch ist aber ein ander sache; swer die merken und bekennen wölte, sô würde er billîche getrœstet an ûzerlîchem schaden und leide.

Ein mensche vert einen wec oder tuot ein werk oder læzet ein ander werk, sô geschihet im ein schade: er brichet ein bein, einen arm oder verliuset ein ouge, oder er wirt siech. Wil er danne alles gedenken: hætest dû einen andern wec gevarn oder ein ander werk getân, sô enwære dir daz niht beschehen, sô blîbet er ungetrœstet und wirt von nôt leidic. Und dar umbe sol er gedenken: wærest dû einen andern wec gevarn oder hætest dû ein ander werk getân oder gelâzen, dir wære vil lîhte ein vil grœzer schade und leit beschehen; und sô würde er billîche getrœstet.

Lust, niemals zu Schweigen, Ruhe und Genügen. Darum lehren die Meister: Das *Werden* des Feuers geschieht in Kampf und Leid, in Unruhe und in der Zeit; aber die *Geburt* des Feuers und die Lust geschieht ohne Zeit und ohne Ferne. Lust und Freude kommen niemandem lang und fern vor. Alles, was ich jetzt gesagt habe, bezieht sich auf das Wort unseres Herrn: «Wenn die Frau das Kind gebiert, hat sie Leid, Schmerz und Trauer, aber wenn das Kind geboren ist, vergißt sie Leid und Schmerz.» Darum mahnt uns auch Gott im Evangelium, wir sollten den himmlischen Vater bitten, daß unsere Freude vollkommen werde, *und der heilige Philippus sagte: «Herr, zeige uns den Vater, dann genügt es uns.»*[12] Denn «Vater» bedeutet nicht Gleichheit, sondern Geburt; es bedeutet das Eine, in dem Gleichheit schweigt und in dem alles still wird, was Verlangen nach Sein hat.

Jetzt kann der Mensch klar einsehen, warum und woher er ungetröstet ist in all seinem Leid, Unglück und Schaden. Das kommt immer nur daher, daß er fern von Gott ist und nicht ledig der Geschöpfe, daß er Gott ungleich ist und kalt an göttlicher Liebe.

Aber hier ist noch eine andere Überlegung. Wer sie beachtet und durchdenkt, wird bei äußerem Unglück und Leid zurecht getröstet.

Ein Mensch reist auf einem bestimmten Weg, er macht sich an eine bestimmte Arbeit und unterläßt eine andere. Dabei passiert ihm ein Unglück. Er bricht ein Bein oder einen Arm; er verliert ein Auge oder wird krank. Wenn er dann immer überlegt: «Hättest du einen anderen Weg genommen oder eine andere Arbeit getan, dann wäre das Unglück dir nicht passiert!», dann muß er mit Notwendigkeit leiden und bleibt ohne Trost. Darum soll er so denken: «Hättest du einen anderen Weg gewählt, hättest du eine andere Arbeit getan und diese unterlassen, dann wäre dir leicht ein viel größeres Unglück passiert oder ein Leid aufgetreten.» So wäre er zurecht getröstet.

Noch setze ich aber ein anderz: dû hâst verlorn tûsent mark, sô soltû niht klagen die tûsent markt, die verlorn sint. Dû solt gote danken, der dir hât gegeben tûsent mark, die dû verliesen mohtest, und ouch læzet dich durch die tugent der gedult üeben êwic leben verdienen, daz manic tûsent menschen niht enhânt.

Noch aber ein anderz, daz den menschen getrœsten mac. Ich setze, daz ein mensche hât êre und gemach besezzen manic jâr und verliuset daz nû von gotes verhencnisse; sô sol der mensche wîslîche gedenken und gote danken. Sô er des schaden gewar wirt und des ungemaches, daz er nû hât, sô allerêrst weiz er, waz nutzes und gemaches er vor hâte, und sol gote danken des gemaches, des er sô manic jâr sich hât genietet und nie rehte bekante, daz im sô wol was, und enzürne niht. Er sol gedenken, daz der mensche nâch natiurlîcher wârheit niht von im selben enhât dan bôsheit und gebresten. Allez, daz guot ist und güete, daz hât im got gelihen und niht gegeben. Wan, swer bekennet wârheit, der weiz, daz got, der himelsche vater, dem sune und dem heiligen geiste gibet allez, daz guot ist; aber der crêatûre engibet er kein guot, sunder er verlîhet ez ir ze borge. Diu sunne gibet dem lufte hitze, aber lieht gibet si im ze borge; und dar umbe, alzehant sô diu sunne undergât, sô verliuset der luft daz lieht, aber diu hitze blîbet im, wan diu ist dem lufte gegeben alsam ze eigene. Und dar umbe sprechent die meister, daz got, der himelsche vater, ist des sunes vater und niht herre, noch des heiligen geistes herre. Aber got-vater-sun-und-heiliger-geist ist ein herre und ein herre der crêatûren, und sprechen wir, daz got was êwiclîche vater; aber mit der zît, dô er geschuof die crêatûren, sô ist er herre.

Nû spriche ich: sît dem male dem menschen allez daz, daz guot oder trœstlich oder zîtlich ist, im ze borge gelihen

Nun nehme ich einen anderen Fall an: Du hast tausend Mark verloren. Dann sollst du nicht klagen über die tausend Mark, die verloren sind. Du sollst Gott danken, der dir die tausend Mark gegeben hat, die du verlieren konntest und der dich zudem, indem du die Tugend der Geduld übst, das ewige Leben verdienen läßt, was viele tausend Menschen nicht können.

Hier ist noch ein Grund, der den Menschen trösten kann: Nehmen wir an, ein Mensch habe über viele Jahre Ehre und Glück gehabt und habe sie nun durch Gottes Willen verloren. Dieser Mensch soll das weise bedenken und Gott danken. Erst wenn er sich des jetzigen Schadens und Unglücks bewußt wird, dann erst weiß er, wieviel Nutzen und Annehmlichkeit er vorher hatte. Er soll Gott danken für die Annehmlichkeit, die er manches Jahr genossen hat, ohne daß er so richtig erfaßt hat, daß es ihm so gut ging. Er soll sich nicht empören. Er soll bedenken, daß der Mensch seiner Natur nach von sich aus nichts beibringt als Bosheit und Schwäche. Alles, was gut und Gutsein ist, das hat Gott ihm *geliehen,* nicht als festes Eigentum übergeben. Denn wer die Wahrheit kennt, der weiß: Gott, der himmlische Vater, gibt alles, was gut ist, dem Sohn und dem Heiligen Geist, aber dem Geschöpf gibt er nichts Gutes als festes Eigentum: er leiht es ihm nur. Die Sonne gibt der Luft die Wärme als Eigentum, das Licht leiht sie ihr nur. Darum verliert die Luft, sobald die Sonne untergeht, das Licht, während sie die Wärme behält. Denn die ist der Luft zu eigen gegeben. Darum lehren die Meister, Gott, der himmlische Vater sei für den Sohn Vater, aber nicht Herr, er sei auch nicht Herr des Heiligen Geistes. Aber Gott Vater, Sohn und Heiliger Geist zusammen ist *ein* Herr, ein Herr der Geschöpfe. Daher sagen wir: Gott war seit ewig Vater, aber Herr ist er erst seit der Zeit, da er die Geschöpfe schuf.

Nun sage ich: Da alles, was gut, tröstlich, aber zeitlich ist, dem Menschen geliehen ist, wie kann er sich dann bekla-

ist, was hât er danne ze klagenne, sô, der ez im gelihen hât, ez wider nemen wil? Er sol gote danken, der ez im verlihen hât sô lange. Ouch sol er im danken, daz er im ez alzemâle niht wider ennimet, daz er im hât verlihen; und wære ouch billich, daz got allez daz, daz er im gelihen hât, wider næme, sô der mensche zürnet umbe daz, daz er im des ein teil nimet, daz doch sîn nie enwart und des er nie herre enwart. Und dar umbe sprichet gar wol Jeremias, der wîssage, dô er was in grôzem lîdenne und klagenne: manicvaltic sint gotes barmherzicheit, daz wir niht alzemâle ze nihte werden.

Swer mir hæte gelihen sînen rok, kürsen und mantel, næme der wider sînen mantel und lieze mir den rok und die kürsen in dem vroste, ich solte im vil billîche danken und vrô sîn. Und sol man daz sunderlîche merken, wie grœzlîche unreht ich hân, sô ich zürne und klage, swanne ich iht verliuse; wan, als ich wil, daz daz guot, daz ich hân, sî mir gegeben und niht gelihen, sô wil ich herre sîn und wil gotes sun natiurlîche sîn und volkomen und enbin doch noch niht gotes sun von gnâden; wan eigenschaft gotes sunes und des heiligen geistes ist: sich glîche halten in allen dingen.

Ouch sol man wizzen, daz âne zwîvel ouch natiurlîchiu menschlîchiu tugent sô edel und sô kreftic ist, daz ir kein ûzerlîchez werk ze swære ist noch grôz genuoge, daz si sich dar ane und dar inne bewîsen müge und sich darîn bilden. Und dar umbe ist ein inner werk, daz noch zît noch stat besliezen noch begrîfen enmac, und in dem selben ist, was götlich und gote glîch ist, den noch zît noch stat besliuzet – er ist allenthalben und alle zît glîche gegenwertic – und <ist> ouch dar ane gote glîch, den kein crêatûre volkomenlîche enpfâhen mac, noch gotes güete enmac in sich bilden. Und dâ von sô muoz etwaz innigers und hœhers sîn und ungeschaffen, âne mâze und âne wîse, dâ sich der himelsche vater ganze înbilden und îngiezen und bewîsen müge: daz sint der sun und der heilige geist. Ouch enmac daz inner

gen, wenn es der, der es ihm geliehen hat, zurücknehmen will? Er soll Gott danken, daß er es ihm so lange geliehen hat. Er soll ihm auch dafür danken, daß er ihm nicht alles Geliehene auf einmal wegnimmt. Es wäre doch nur gerecht, daß Gott ihm alles Geliehene wieder wegnähme, wenn der Mensch sich empört, wenn er ihm einen Teil von dem wegnimmt, was ihm nie zu eigen gehört hat und worüber er nie Herr war. Darum sagte der Prophet Jeremias, als er sein großes Leid beklagte, mit Recht: «Vielfach erbarmt Gott sich unsrer, daß wir nicht völlig vernichtet werden!»

Würde jemand, der mir seinen Rock, seinen Mantel und einen Pelzumhang geliehen hat, seinen Mantel zurücknehmen, mir aber bei Frost Rock und Pelz lassen, so sollte ich froh sein und ihm mit gutem Grund danken. Man muß doch einsehen, wie sehr ich im Unrecht bin, wenn ich empört klage, sobald ich etwas verliere. Denn wenn ich will, daß das Geliehene mein festes Eigentum sei, dann will ich Herr sein, dann will ich von Natur aus vollkommen Gottes Sohn sein; dabei bin ich nicht einmal Gottes Sohn aus Gnade, denn dem Sohn Gottes und dem Heiligen Geist ist es eigen, sich in allem gleich zu verhalten.

Auch das muß man wissen: Ohne Zweifel ist auch die natürliche Tugend des Menschen so edel und stark, daß ihr keine äußere Tat zu schwer oder groß genug ist, sich daran und darin zu beweisen und in ihm ihre Form zu finden. Sie ist innere Tätigkeit, die weder Zeit noch Ort begrenzen oder umfassen können, und in ihr ist etwas, das göttlich und Gott ähnlich (gote glich) ist, den auch weder Zeit noch Ort umschließt, denn er ist überall und alle Zeit in gleicher Weise gegenwärtig. Sie ist auch darin Gott ähnlich, daß ihn kein Geschöpf in vollkommener Weise aufnehmen oder Gottes Gutsein in sich bilden kann. Daher muß es etwas Innerliches sein, etwas Höheres und Unerschaffenes, ohne Maß und ohne Weise, in das der himmlische Vater sich ganz hineinbilden, sich ergießen und in ihm sich beweisen kann – das sind der Sohn und der Heilige Geist. Niemand kann die innere Tätigkeit der Tugend verhindern;

werk der tugent als wênic ieman gehindern, als man got niht hindern enmac. Daz werk glenzet und liuhtet tac und naht. Ez lobet und singet gotes lop und einen niuwen gesanc, als Dâvît sprichet: ‹singet gote einen niuwen sanc›. Des lop ist von der erde, und daz werk enminnet got niht, daz ûzer, daz zît und stat besliuzet, daz enge ist, daz man hindern mac und betwingen, daz müede wirt und alt von zît und von üebunge. Diz werk ist got minnen, guot und güete wellen, dâ allez daz, daz der mensche wil und wölte tuon mit lûterm ganzen willen in allen guoten werken, hât iezent getân, dar ane ouch glîch gote, von dem schrîbet Dâvît: allez, daz er wolte, daz hât er iezent getân und geworht.

Dirre lêre hân wir ein offenbâre bewîsunge an dem steine: des ûzer werk ist, daz er nider valle und lige ûf der erde. Daz werk mac gehindert werden, und envellet er niht alle zît noch âne underlâz. Ein ander werk ist noch inniger dem steine, daz ist neigunge niderwert, und daz ist im anegeborn; daz enkan im noch got noch crêatûre benemen noch nieman. Daz werk würket der stein âne underlâz tac und naht. Daz er tûsent jâr dâ obenân læge, er enneigete weder minner noch mê dan in dem êrsten tage.

Rehte alsô spriche ich von der tugent, daz si hât ein innigez werk: wellen und neigen ze allem guoten und îlen und widerkriegen von allem dem, daz bœse und übel ist, güete und gote unglîch. Und ie daz werk bœser ist und gote unglîcher, ie der widerkriec grœzer ist; und ie daz werk grœzer ist und gote glîcher, ie ir daz werk lîhter, williger und lustiger ist. Und alliu ir klage und leit ist, ob leit in sie gevallen möhte, daz diz lîden durch got alze kleine ist und al ûzer werk in der zît alze kleine, daz si sich niht ganze eröugen noch volle bewîsen noch darîn bilden enmac. Sich üebende wirt si kreftic, und von milte wirt si rîche. Sie enwölte niht geliten noch überliten hân leit und lîden; si wil und wölte

man kann ja auch Gott an nichts hindern. Diese Tätigkeit glänzt und leuchtet Tag und Nacht. Sie lobt, sie singt Gottes Lobpreis, einen neuen Gesang.[13] Deshalb sagt David: «Singt Gott einen neuen Gesang!» Besteht dies Lob in äußerer Tätigkeit, dann stammt es von der Erde, dann liebt Gott es nicht. Eine Tätigkeit, die Raum und Ort umschließt, ist eng; man kann sie verhindern und zwingen; sie wird müde und alt durch Zeit und Vollzug. *Die andere Tätigkeit ist: Gott lieben,*[14] Gutes und das Gutsein wollen. Alles, was der Mensch mit reinem, ungeteiltem Willen an guten Werken tun will, das hat er jetzt getan, und auch darin gleicht er Gott, von dem David schreibt: «Alles, was er wollte, hat er jetzt getan und vollbracht.»

Für diese Lehre haben wir einen offensichtlichen Beweis am Stein: Dessen äußere Tätigkeit besteht darin, daß er fällt und auf der Erde liegen bleibt. Diese Tätigkeit kann verhindert werden; deswegen fällt er nicht immer und nicht ohne Unterbrechung. Aber die andere Tätigkeit des Steins vollzieht sich mehr innen. Das ist die Neigung nach unten, und die ist ihm angeboren. Die kann ihm keiner nehmen, weder Gott noch irgendein Geschöpf. Und diese Tätigkeit vollzieht der Stein ohne Unterbrechung, Tag und Nacht. Läge er tausend Jahre lang da oben – er würde nach unten tendieren wie am ersten Tag, weder mehr noch weniger.

Genau das behaupte ich von der Tugend: Sie ist innere Tätigkeit und besteht darin, das Gute zu wollen und zu erstreben, alles Schlechte und Böse zu fliehen, also alles, was dem Gutsein, also Gott unähnlich ist. Je böser, je gottunähnlicher eine Tat ist, je größer ist das Widerstreben; je größer und je gottähnlicher die Tat ist, um so leichter, lieber, lustvoller vollzieht sie die Tat. Und ihre ganze Klage und ihr Leid – soweit Leid sie befallen kann – geht dahin, daß viel zu wenig ist, was sie um Gottes willen leiden kann, und daß jede äußere Tat, die in der Zeit verläuft, viel zu gering ist, als daß sie sich darin ihr ganzes Wesen zeigen, beweisen und in es hineinbilden könnte. Durch Übung wird sie stärker,

alle zît âne underlâz lîden durch got und durch woltât. Alliu ir sælicheit ist lîden, niht geliten-hân, durch got. Und dar umbe sprichet unser herre gar merklîche: ‹sælic sint, die dâ lîdent durch die gerehticheit›. Er ensprichet niht: ‹die geliten hânt›. Ein solich mensche hazzet geliten-hân, wan geliten-hân enist niht lîden, daz er minnet; ez ist ein vürganc und ein verlust lîdennes durch got, daz er aleine minnet. Und dar umbe spriche ich, daz ein solich mensche ouch hazzet noch-lîden-suln, wan daz ouch niht lîden enist. Doch hazzet er minner lîden-suln dan geliten-hân, wan geliten-hân ist verrer und unglîcher lîdenne, wan ez zemâle vergangen ist. Daz man aber lîden sol, daz enbenimet niht alzemâle lîden, daz er minnet.

Sant Paulus sprichet, daz er gotes durch got enbern wolte, umbe daz gotes êre gebreitert würde. Man sprichet, daz sant Paulus diz spræche in der zît, dô er noch niht volkomen enwas. Ich wæne aber, daz diz wort kæme von einem volkomenen herzen. Man sprichet ouch, daz er meinte, daz er eine wîle von gote wolte gescheiden sîn. Ich spriche, daz ein volkomen mensche als ungerne wölte sich von gote scheiden eine stunde als tûsent jâr. Doch, wære ez gotes wille und gotes êre, daz er gotes enbære, sô wære im als lîht tûsent jâr oder joch êwiclîche als ein tac, ein stunde.

Ouch ist daz inner werk dar ane götlich und gotvar und smacket götlîche eigenschaft, daz, ze glîcher wîse alsam alle crêatûren, ob joch tûsent werlte wæren, eines hâres breite niht bezzer enist dan got eine, alsô spriche ich und hân ez dâ vor gesaget, daz diz ûzer werk noch sîn menge noch sîn grœze noch sîn lenge noch sîn wîte niht alzemâle mêret die güete des innern werkes; ez hât sîne güete in im selben. Dar

durch großzügiges Geben wird sie reich. Sie möchte Not und Leiden nicht schon ausgelitten, nicht schon überwunden haben. Sie will und sie wollte immer um Gottes und um der guten Tat willen leiden. Ihr ganzes Glück liegt darin, um Gottes willen zu leiden, nicht im Gelittenhaben. Darum sagt unser Herr sehr markant: «Selig sind, die um der Gerechtigkeit willen leiden.» Er sagt nicht: die gelitten haben. Ein solcher Mensch haßt das Gelittenhaben, denn Gelittenhaben ist nicht Leiden, das er doch liebt. Gelittenhaben ist Verschwinden und Verlust des Leidens um Gottes willen, das er allein liebt. Darum behaupte ich: Ein solcher Mensch haßt auch das Leidenwerden in der Zukunft, denn auch das ist nicht Leiden. Allerdings haßt er das Leidenwerden weniger als das Gelittenhaben, denn Gelittenhaben steht dem Leiden ferner und ist ihm unähnlicher, ist es doch ganz vergangen. Daß aber einer leiden *wird,* das beraubt ihn nicht völlig des Leidens, das er liebt.

Der heilige Paulus sagt, er wolle, damit Gottes Ehre vermehrt werde, auf Gott um Gottes willen verzichten. Man sagt, der heilige Paulus habe das in der Zeit geäußert, als er noch nicht vollkommen war. Ich hingegen denke, dieses Wort kam aus einem vollkommenen Herzen. Man sagt auch, er habe im Sinn gehabt, daß er nur für eine gewisse Zeit von Gott getrennt sein wollte. Ich aber sage: Ein vollkommener Mensch will sich für eine Stunde genau so ungern von Gott trennen wie für tausend Jahre. Wäre aber, daß er auf Gott verzichte, Gottes Wille und Gottes Ehre, dann fielen ihm tausend Jahre und selbst die Ewigkeit so leicht wie eine Stunde.

Auch darin ist die innere Tätigkeit göttlich, gottförmig und von göttlicher Eigenart: So wenig alle Geschöpfe – selbst wenn es tausend Welten gäbe – auch nur ein Haar zum Gutsein Gottes hinzufügen könnten, so behaupte ich und habe es vorhin schon gesagt, so wenig vergrößert eine äußere Tat, ganz unabhängig von ihrer Anzahl, Größe, Länge und Weite, auch nur im geringsten die Qualität der inneren

umbe enkan daz ûzer werk niemer kleine gesîn, ob daz inner grôz ist, und daz ûzer enmac niemer grôz sîn noch guot, ob daz inner kleine oder niht enist wert. Daz inner werk hât in im beslozzen alle zît alle grœze, alle wîte und lenge. Daz inner werk nimet und schepfet allez sîn wesen niergen dan von und in gotes herzen; ez nimet den sun und wirt sun geborn in des himelschen vaters schôze; daz ûzer werk niht alsô, sunder ez nimet sîne götlîche güete mittels des innigen werkes, ûzgetragen und ûzgegozzen in einem nidervalle der gekleideten gotheit mit underscheide, mit menge, mit teile, daz allez und dem glîch und ouch glîchnisse selbe gote verre und vremde sint. Sie haftent und behaftent und gestillent in dem, daz guot ist, daz erliuhtet ist, daz crêatûre ist, blint alzemâle güete und liehtes in in selben und des einen, in dem got gebirt sînen eingebornen sun und in im alle, die gotes kint sint, geborn süne. Dâ ist ûzvluz und ursprunc des heiligen geistes, von dem aleine, alsam er gotes geist und geist got selber ist, enpfangen wirt der sun in uns, und ist ûzvluz von allen den, die gotes süne sint, nâch dem, daz sie minner oder mê lûterlîche von gote aleine geborn sint, nâch gote und in gote überbildet und entriuwet aller menge, der man doch und noch vindet in den obersten engeln natiurlîche, noch, der ez wol bekennen wil, entriuwet der güete, der wârheit und allem dem, daz, joch in einem gedanke und in einem namen aleine, einen wân oder einen schaten keines underscheides lîdet, und getriuwet dem einen, blôz allerleie menge und underscheides, in dem ouch verliuset und wirt enblœzet aller underscheide und eigenschaft und ist ein und sint ouch ein got-vater-sun-und-heiliger-geist. Und daz ein machet uns sælic, und ie wir dem einen verrer sîn, ie minner wir süne und sun sîn und der heilige geist minner volkomenlîche in uns entspringet und von uns vliuzet; und dar nâch wir næher sîn dem einen, der nâch sîn wir wærlîcher gotes süne und sun und ouch vliuzet von uns got-der-heilige-geist. Daz meinet, daz unser herre, gotes sun in der got-

Tätigkeit; diese hat ihr Gutsein in sich selbst. Deswegen kann die äußere Tat niemals klein sein, wenn die innere Tätigkeit groß ist, und die äußere Tat ist niemals gut und groß, wenn die innere Tat klein oder nichts wert ist. Immer beschließt die innere Tat in sich alle Größe, Weite und Länge. Die innere Tat empfängt und schöpft ihr ganzes Sein nur aus und in dem Herzen Gottes; sie empfängt den Sohn, sie wird als Sohn geboren im Schoß des himmlischen Vaters. Anders die äußere Tat; sie empfängt das göttliche Gutsein nur durch die innere Tätigkeit; sie wird hinausgetragen und ausgegossen in den Abstieg der mit Unterschied, Vielzahl und Teilung umhüllten Gottheit. Dies alles und was dem ähnlich ist – wie auch die Ähnlichkeit selbst – sind Gott fern und fremd. Dies alles hängt, haftet und beruhigt sich im Einzelguten, im Geschöpf, in dem, was das Licht *empfängt*; es ist ganz und gar blind für das Gutsein und das Licht an sich, für das Eine, in dem Gott gebiert seinen eingeborenen Sohn und in ihm alle, die Gottes Kinder sind, geborene Söhne. Da ist Quelle und Ursprung des Heiligen Geistes, von dem allein, da er Gottes Geist und Gott selbst Geist ist, der Sohn in uns empfangen wird. Von hierher strömt auch der Kraftfluß all derer, die Gottes Söhne sind. Abgestuft, je nachdem sie mehr oder weniger rein nur aus Gott geboren, nach Gott und in Gott überformt und aller Vielheit entrückt sind. Vielheit findet man, was ihre Natur angeht, selbst noch bei den obersten Engeln, denn, wenn man es recht bedenkt, ist sie, die Vielheit, ja noch verschieden von Gutsein, Wahrheit und von dem, was frei ist von jeder Art Vielheit und Unterschied, was keine Spur und keinen Schatten irgendeines Unterschieds duldet, nicht einmal in Gedanken oder Benennung, in dem Gott-Vater-Gott-Sohn-und-Heiliger Geist alle Unterschiede und Eigenheiten verliert; er wird diese los und ist und sind Eins. Und dieses Eine macht uns selig, und je ferner wir dem Einen sind, um so weniger vollkommen sind wir Söhne und Sohn, um so weniger fließt aus uns Gott der

heit, sprichet: swer dâ trinket von dem wazzer, daz ich gibe, in dem entspringet ein brunne des wazzers, daz dâ springet in daz êwige leben, und sprichet sant Johannes, daz er daz spræche von dem heiligen geiste.

Der sun in der gotheit nâch sîner eigenschaft engibet niht anders dan sun-wesen, dan got-geborn-wesen, brunnen, ursprunc und ûzvluz des heiligen geistes, der minne gotes, und vollen, rehten, ganzen smak des einen, des himelschen vaters. Dar umbe sprichet des vaters stimme von dem himel zu dem sune: ‹dû bist mîn geminter sun, in dem ich geminnet und behegelich bin›, wan âne zwîvel, got enminnet nieman mit genüegede und lûterlîche, der niht gotes sun enist. Wan minne, der heilige geist, urspringet und vliuzet von dem sune, und der sun minnet den vater durch in selben, den vater in im selben und sich selben in dem vater. Dar umbe sprichet vil wol unser herre, daz ‹sælic sint die armen in dem geiste›, daz ist: die niht enhânt eigens und menschlîches geistes und blôz koment ze gote. Und sant Paulus sprichet: «got hât es uns geoffenbâret in sînem geiste».

Sant Augustinus sprichet, daz der allerbeste die geschrift vernimet, der blôz alles geistes suochet sin und wârheit der geschrift in ir selben, daz ist: in dem geiste, dar inne si geschriben ist und gesprochen ist: in gotes geiste. Sant Pêter sprichet, daz alle die heiligen liute hânt gesprochen in dem geiste gotes. Sant Paulus sprichet: nieman enmac bekennen und wizzen, waz sî in dem menschen, dan der geist, der in dem menschen ist, und nieman enmac wizzen, waz gotes geist und in gote ist, dan der geist, der gotes und got ist. Dar umbe sprichet gar wol ein geschrift, ein glôse, daz nieman enmac vernemen noch lêren kan sant Pauli schrift, er enhabe danne den geist, in dem sant Paulus sprach und schreip.

Heilige Geist. Je näher wir aber dem Einen sind, um so wirklicher sind wir Gottes Söhne und Sohn, und fließt Gott, der Heilige Geist, von uns aus. Das ist gemeint, wenn unser Herr, Gottes Sohn in der Gottheit, sagt: «Wer von dem Wasser trinkt, das ich gebe, in dem entspringt ein Quell des Wassers, das ins ewige Leben springt», und der heilige Johannes sagt, der Herr habe das vom Heiligen Geist gesagt.

Dem Sohn ist in der Gottheit das Sohnsein eigentümlich, und dieser Eigenheit entsprechend gibt er nichts anderes als das Sohnsein, das Geborener-Gott-Sein. Er ist Quell, Ursprung, Ausgang des Heiligen Geistes. Dieser ist die Liebe Gottes, der volle, wahre und ganze Geschmack des Einen, des himmlischen Vaters. Deswegen sagt die Stimme des Vaters vom Himmel her zum Sohn: «Du bist mein geliebter Sohn, in dem ich geliebt und liebenswert bin». Denn Gott liebt niemanden, der nicht Gottes Sohn ist. Denn die Liebe, der Heilige Geist, entspringt und fließt aus dem Sohn; der Sohn liebt den Vater um seiner selbst willen, den Vater in sich selbst und sich selbst im Vater. Darum sagt unser Herr mit Recht: «Selig sind die Armen an Geist», das heißt: die, die keinen eigenen menschlichen Geist haben und nackt zu Gott kommen. Und der heilige Paulus sagt: «Gott hat es uns mitgeteilt in seinem Geist.»

Der heilige Augustinus sagt: Derjenige versteht die Schrift am besten, der, entblößt von allem Geist, Sinn und Wahrheit der Schrift in ihr selbst sucht, das heißt: in dem Geist, in dem sie geschrieben und verkündet wurde, in Gottes Geist. Der heilige Petrus sagt, alle heiligen Menschen hätten in Gottes Geist gesprochen. Der heilige Paulus sagt: «Niemand kann erkennen und wissen, was im Menschen ist, als allein der Geist im Menschen; niemand kann wissen, was Gottes Geist und was in Gott ist, als der Geist, der Gottes und Gott ist.» Eine Schrift, die Glosse, sagt daher sehr richtig, niemand könne die Schrift des heiligen Paulus verstehen und erklären, wenn er nicht den Geist hat, in dem der heilige

Und daz ist alles und alliu mîn klage, daz grobe liute, die gotes geistes ledic sint und niht enhânt, nâch irm groben menschlîchen sinne wellent urteilen, daz sie hœrent oder lesent in der schrift, diu gesprochen und geschriben ist von dem und in dem heiligen geiste, und engedenkent niht, daz geschriben ist: «daz unmügelich ist bî den liuten, daz ist mügelich bî gote». Und ouch gemeinlîche und natiurlîche: daz unmügelich ist der undern natûre, daz ist gewonlich und natiurlich der obern natûre.

Dâ von nû nemet doch noch, daz ich nû gesprochen hân, daz ein guot mensche, gotes sun in gote geborn, minnet got durch in selben und in im selben, und vil ander wort, diu ich vor gesprochen hân. Baz ze vernemenne sô sol man wizzen, als ich ouch mê gesprochen hân, daz ein guot mensche, von güete und in gote geborn, tritet in alle die eigenschaft götlîcher natûre. Nû ist ein eigenschaft an gote nâch Salomônes worten, daz alliu dinc got würket durch sich selben, daz ist, daz er niht ûz im anesihet warumbe dan durch sich selben; er minnet und würket alliu dinc durch sich selben. Dar umbe, sô der mensche minnet in selben und alliu dinc und würket alliu sîniu werk niht umbe lôn, umbe êre oder umbe gemach dan durch got und gotes êre aleine, daz ist ein zeichen, daz er gotes sun ist.

Noch vürbaz: got minnet durch sich selben und würket alliu dinc durch sich selben, daz ist: er minnet durch minne, und er würket durch würken; wan âne zwîvel: got enhæte sînen eingebornen sun in der êwicheit nie geborn, enwære geborn niht gebern. Dar umbe sprechent die heiligen, daz der sun alsô êwiclîche geborn ist, daz er doch âne underlâz noch wirt geborn. Ouch enhæte got die werlt nie geschaffen, ob geschaffen-wesen niht enwære geschaffen. Dar umbe: got hât alsô geschaffen die werlt, daz er sie noch âne underlâz schepfet. Allez, daz vergangen ist und waz zuokünftic ist, daz ist gote vremde und verre. Und dar umbe:

Paulus sprach und schrieb. Das ist immer meine Hauptklage: Grobsinnige Leute, denen der Geist Gottes fehlt, die nichts davon besitzen, wollen nach ihrem groben menschlichen Verstand beurteilen, was sie aus der Bibel, die vom Heiligen Geist verkündet und geschrieben ist, hören oder in ihr lesen. Sie bedenken nicht, daß geschrieben steht: »Was Menschen unmöglich ist, ist Gott möglich.» Das gilt generell und auch in der Natur: Was der unteren Naturstufe unmöglich ist, das ist bei der oberen die Regel und natürlich.

Nehmt nun noch hinzu, was ich vorhin gesagt habe: Ein guter Mensch, als Gottes Sohn in Gott geboren, liebt Gott um seiner selbst willen und in ihm selbst. Bedenkt viele Worte, die ich zuvor gesprochen habe. Man versteht sie besser, wenn man weiß, was ich auch schon öfter gesagt habe: Ein guter Mensch, vom Gutsein in Gott geboren, tritt ein in alle charakteristischen Eigenheiten der göttlichen Natur. Nun ist es nach Salomos Worten eine charakteristische Eigenheit Gottes, daß Gott alle Dinge um seiner selbst willen wirkt. Das heißt: Er blickt auf nichts außerhalb seiner, sondern allein auf das Warum seiner selbst. Er liebt und bewirkt alle Dinge um seiner selbst willen. Liebt daher ein Mensch ihn selbst und alle Dinge und tut alles, was er tut, nicht für Lohn, Ehre oder Vorteil, sondern nur um Gottes und seiner Ehre willen, so ist das ein Zeichen, daß er Gottes Sohn ist.[15]

Weiter: Gott liebt alle Dinge um seiner selbst willen, er tut alles um seiner selbst willen. Das heißt aber: Er liebt um der Liebe willen, und er handelt um des Handelns willen. Denn ohne Zweifel: Gott hätte seinen eingeborenen Sohn in der Ewigkeit nie geboren, wäre Geborenhaben nicht dasselbe wie Gebären. Darum lehren die Heiligen, daß die ewige Geburt des Sohnes bedeutet, daß er jetzt noch ohne Unterbrechung geboren wird. Gott hätte die Welt auch nie erschaffen, wäre Erschaffenhaben nicht dasselbe wie Erschaffen. Daher hat Gott die Welt in der Weise erschaffen, daß er sie ohne Unterbrechung immer erschafft. Alles, was

swer von gote geborn ist gotes sun, der minnet got durch in selben, daz ist: er minnet got durch minnen-got und würket alliu sîniu werk durch würken. Got der enwirt minnennes und würkennes niemer müede, und ouch im ist allez ein minne, daz er minnet. Und dar umbe ist wâr, daz got ist diu minne.

Und dar umbe sprach ich dâ oben, daz der guote mensche wil und wölte alle zît lîden durch got, niht geliten hân; lîdende hât er, daz er minnet. Er minnet lîden durch got und lîdet durch got. Dar umbe und dar ane sô ist er gotes sun, nâch gote und in got gebildet, der minnet durch sich selben, daz ist: er minnet durch minne, würket durch würken; und dar umbe minnet got und würket âne underlâz. Und gotes würken ist sîn natûre, sîn wesen, sîn leben, sîn sælicheit. Alsô wærlîche: dem gotes sune, einem guoten menschen, sô vil er gotes sun ist, durch got lîden, durch got würken ist sîn wesen, sîn leben, sîn würken, sîn sælicheit, wan alsô sprichet unser herre: ‹sælic sint, die dâ lîdent durch die gerehticheit›.

Noch spriche ich vürbaz ze dem dritten mâle, daz ein guot mensche, als verre er guot ist, hât gotes eigenschaft niht aleine dar ane, daz er minnet und würket allez, daz er minnet und würket, durch got, den er dâ minnet und durch den er würket, sunder er minnet und würket ouch durch sich selben, der dâ minnet; wan, daz er minnet, daz ist got-vater-ungeborn, der dâ minnet, ist got-sun-geborn. Nû ist der vater in dem sune und der sun in dem vater. Vater und sun sint ein. Von dem, wie daz innigeste und daz oberste der sêle schepfet und nimet gotes sun und gotes-sun-werden in des himelschen vaters schôze und herzen, daz suoche nâch dem ende dis buoches, dâ ich schrîbe ‹von dem edeln menschen, der ûz vuor in ein verrez lant nemen an sich ein rîche und wider ze komenne›.

Ouch sol man aber wizzen, daz in der natûre îndruk und

vergangen und was zukünftig ist, das ist Gott fern und fremd. Wer darum von Gott als Gottes Sohn geboren ist, der liebt Gott um seiner selbst willen. Das heißt: Er liebt Gott um des Gottliebens willen; er vollbringt seine Taten um des Tuns willen. Gott wird niemals müde zu lieben und zu tun; in ihm ist ferner alles, was er liebt, eine einzige Liebe. Und darum ist es wahr, daß Gott die Liebe ist.

Darum habe ich oben gesagt, *der gute Mensch will um Gottes willen immer leiden, er will nicht gelitten haben. Wenn er leidet, hat er, was er liebt. Er leidet um Gottes willen, und er liebt es, um Gottes willen zu leiden. Darum und darin ist er Gottes Sohn, nach Gott und in Gott gebildet, der um seiner selbst willen liebt. Er liebt also um der Liebe willen, er handelt um des Handelns willen. Darum liebt und handelt Gott ohne Unterbrechung. Gottes Wirken ist sein Sein und sein Wesen, ist sein Leben und seine Seligkeit. Und ganz genau so ist für den Gottessohn, also für einen Menschen, sofern er Gottes Sohn ist, das Leiden um Gottes willen, das Wirken um Gottes willen in Wahrheit sein Sein und Leben, sein Wirken und seine Glückseligkeit. Daher sagt unser Herr: «Selig sind, die leiden um der Gerechtigkeit willen.»*[16]

Ich sage es also zum dritten Mal: *Ein guter Mensch besitzt, sofern er gut ist, Gottes charakteristische Eigenheit. Das gilt nicht nur insofern, daß er alles, was er liebt und was er tut, liebt und tut um Gottes willen, den er darin liebt und um dessen willen er handelt, sondern er liebt und wirkt auch um seiner selbst willen, um dessen willen, der liebt. Denn was er liebt, das ist der ungeborene Gott Vater, und wer da liebt, ist der geborene Gott Sohn. Nun ist der Vater im Sohn und der Sohn im Vater. Vater und Sohn sind Eins.*[17] Das Innerste und Oberste der Seele schöpft und empfängt im Schoß und Herzen des himmlischen Vaters Gottes Sohn und das Gottes-Sohn-Werden; wie, das findest du im Anhang zu diesem Buch, wo ich schreibe «von einem edlen Menschen, der abreiste in ein fernes Land, ein Königreich zu gewinnen, und kam zurück».

Außerdem muß man wissen: In der Natur ist für jedes

învluz der obersten natûre und der hœhsten ist einem ieglîchen wünniclîcher und lustlîcher dan sîn selbes eigen natûre und wesen. Daz wazzer vliuzet von sîner eigenen natûre niderwert ze tal, und ouch liget sîn wesen dar ane. Doch von îndrucke und voń învluzze des mânen in dem himel obenân sô verzîhet und vergizzet ez sîner eigenen natûre und vliuzet ze berge in die hœhe, und ist im der ûzvluz vil lîhter dan der vluz niderwert. Dâ bî sol der mensche wizzen, ob im reht wære, daz im wünniclich und vrœlich wære, sînen natiurlîchen willen ze lâzenne und ze verzîhenne und alzemâle ûz ze gânne in allem dem, daz got den menschen lîden wil. Und daz meinet nâch einem guoten sinne, daz unser herre sprach: ‹swer wil komen ze mir, der sol sîn selbes ûzgân und verzîhen und sol sîn criuze ûfheben›, daz ist: er sol abelegen und abetuon allez, daz criuze und leit ist. Wan sicher: swer sîn selbes verzigen hæte und wære ganze sîn selbes ûzgegangen, dem enmöhte niht criuze wesen noch leit noch lîden; ez wære im allez ein wunne, ein vröude, ein herzeliep, und der kæme und volgete wærlîche gote. Wan, als got niht enmac betrüeben noch leidic gemachen, als wênic möhte den menschen iht riuwic oder leidic gemachen. Und dar umbe: daz unser herre sprichet: ‹swer wil ze mir komen, der verzîhe sîn selbes und hebe ûf sîn criuze und volge mir›, daz enist niht aleine ein gebot, als man gemeinlîche sprichet und wænet: ez ist ein gelübede und ein götlîchiu lêre, wie dem menschen allez sîn lîden, alliu sîniu werk, allez sîn leben wünniclich und vrœlich wirt, und ist ein lôn mê dan ein gebot. Wan der mensche, der sôgetân ist, hât allez, daz er wil, und enwil niht übels, und daz ist sælicheit. Dar umbe sprichet aber unser herre wol: ‹sælic sint, die dâ lîdent durch die gerehticheit›.

Ouch, daz unser herre, der sun, sprichet: ‹verzîhe sîn selbes und hebe ûf sîn cruize und kome ze mir›, daz meinet:

Wesen das Einwirken und Einströmen der höheren und höchsten Wesen beseligender und lustvoller als die eigene Natur und das eigene Wesen. Wasser fließt nach unten. Darin folgt es seiner Natur, das ist sein Wesen. Aber aufgrund des Einwirkens und Einströmens des Mondes oben am Himmel verleugnet und vergißt es seine eigene Natur und fließt es aufwärts, und dieses Ausfließen wird ihm viel leichter als das Abwärtsfließen. Daran soll der Mensch erkennen, daß er auf dem richtigen Weg ist, wenn er beglückt und mit Freuden seinen naturhaften Willen läßt und verleugnet, wenn er sich selbst völlig entäußert, um alles zu leiden, was Gott will, daß er leide. Und das bedeutet es bei guter Auslegung, daß unser Herr sagte: «Wer zu mir kommen will, der muß aus sich selbst herausgehen, muß sich selbst verleugnen und sein Kreuz auf sich nehmen.» Das heißt: Er soll alles ablegen und abtun, was Kreuz und Leid ist. Denn gewiß: Wer sich selbst verleugnete und ganz aus sich herausginge, für den gäbe es kein Kreuz, kein Leid und kein Leiden. Für ihn wäre alles ein Glück, eine Freude, ein Herzenswunsch. Ein solcher Mensch käme wirklich zu Gott und folgte ihm nach. Nichts kann Gott betrüben oder leiden machen, genau so wenig könnte irgend etwas diesen Menschen traurig oder leiden machen. Wenn also unser Herr sagt: «Wer zu mir kommen will, der muß aus sich selbst herausgehen, der nehme sein Kreuz auf sich und folge mir nach», dann ist das nicht, wie man es gewöhnlich auslegt, ein Gebot, sondern ein Versprechen. Es ist eine göttliche Lehre darüber, wie dem Menschen all sein Leiden, all sein Tun, sein ganzes Leben glückhaft und freudig wird. Es ist also eher Lohn als Befehl. Ein Mensch von dieser Art hat alles, was er will, und was er will, ist nichts Schlechtes. Genau das ist Glückseligkeit. Deshalb – ich wiederhole – sagt unser Herr: «Selig sind, die leiden um der Gerechtigkeit willen.»

Wenn unser Herr, der Sohn, sagt: «Er verleugne sich selbst, nehme sein Kreuz auf sich und komme zu mir», so

werde sun, als ich sun bin, geborn-got, und daz selbe ein, daz ich bin, daz ich schepfe înwesende, inneblîbende in des vaters schôze und herzen. Vater, sprichet ouch der sun, ich wil, daz, der mir volget, der ze mir kumet, daz der sî, dâ ich bin. Nieman enkumet eigenlîche ze dem sune, als er sun ist, dan der sun wirt, und nieman enist, dâ der sun ist, der in des vaters schôze und herzen ist ein in einem, dan der sun ist.

‹Ich›, sprichet der vater, ‹sol sie leiten in ein einœde und dâ sprechen ze irm herzen›. Herze ze herzen, ein in einem minnet got. Allez, daz dem vremde und verre ist, daz hazzet got. Ze ein locket und ziuhet got. Ein suochent alle crêatûren, joch die nidersten crêatûren suochent ein, und daz ein bevindent die obersten; gezogen über natûre und überbildet suochent sie ein in einem, ein in im selben. Dar umbe vil lîhte sprichet der sun: in der gotheit sune in dem vater, dâ ich bin, dâ sol wesen, der mir dienet, der mir volget, der ze mir kumet.

Noch ist aber ein ander trôst. Man sol wizzen, daz aller natûre unmügelich ist, daz si iht breche, verderbe oder ouch rüere, in dem si niht enmeine ein bezzer guot dem selben, daz si rüeret. Ir engenüeget niht, daz si ein glîch guot mache; si wil alles ein bezzerz machen, als wie? Ein wîser arzât der enberüeret niemer den siechen vinger des menschen, daz er dem menschen wê tuo, ob er niht den vinger selben oder den menschen alzemâle bezzer machen und im lieber tuon enmöhte. Mac er den menschen und ouch den vinger bezzern, daz tuot er; enist des niht, er snîdet den vinger abe, daz er den menschen bezzer. Und daz ist vil bezzer, den vinger verliesen aleine und den menschen behalten, dan beidiu vinger und mensche verderbe. Wæger ist ein schade dan zwêne, sunderlîche, dâ der eine unglîche grœzer wære dan der ander. Ouch sol man wizzen, daz der vinger und diu hant und ein ieglich gelit natiurlîche den men-

heißt das: Werde Sohn, wie ich Sohn bin, geborener Gott! Werde dasselbe Eine, das ich bin und das ich aus Schoß und Herz des Vaters schöpfe, wobei ich in ihm bin und in ihm bleibe. Der Sohn sagt auch: Vater, ich will, daß wer mir nachfolgt, wer zu mir kommt, dort sei, wo ich bin. Nur wer Sohn wird, kommt im eigentlichen Sinn zum Sohn, sofern er Sohn ist. Und nur wer Sohn ist, ist dort, wo der Sohn ist: in Schoß und Herz des Vaters, Eins im Einen.

«Ich werde sie», sagt der Vater, «in eine Einöde führen und dort zu ihrem Herzen sprechen.» Herz zu Herz, der Eine im Einen, das liebt Gott. Alles, was dem fremd und fern ist, das haßt Gott. Zum Einen lockt und zieht Gott. Alle Geschöpfe suchen das Eine, selbst die niedersten Geschöpfe suchen das Eine, aber die obersten Geschöpfe *finden* das Eine. Überformt und über die Natur hinausgehoben, suchen sie das Eine im Einen, das Eine an ihm selbst. Der Sohn will daher wohl sagen: Wer mir dient, wer mir nachfolgt, wer zu mir kommt, der soll da sein, wo ich bin: im Sohn der Gottheit, im Vater.

Es gibt einen weiteren Trostgrund, wenn man weiß: Die Natur kann unmöglich etwas zerbrechen, zugrunde richten oder auch nur anfassen, ohne für das Wesen, das sie berührt, etwas Besseres zu intendieren. Ihr genügt es nicht, etwas gleich Gutes zu schaffen; immer will sie etwas Besseres schaffen. Wieso? Niemals faßt ein guter Arzt den kranken Finger eines Kranken an und tut ihm weh, wenn er nicht den Finger heilen oder den Menschen insgesamt in eine bessere Lage versetzen kann. Kann er den Menschen heilen *und* den Finger, dann tut er es. Kann er es nicht, dann schneidet er den Finger ab, damit es dem Menschen im ganzen besser gehe. Es ist viel besser, nur den Finger zu verlieren und den Menschen zu retten, als daß sowohl der Finger wie der ganze Mensch zugrunde geht. *Ein* Schaden ist besser als zwei, besonders wenn der eine ungleich größer wäre als der andere. Man muß dabei auch wissen: Der Finger, die Hand

schen, des ez ein gelit ist, vil lieber hât dan sich selben und sich gerne und unbedâht vrœlîche gibet in die nôt und in den schaden vür den menschen. Ich spriche sicherlîche und in der wârheit, daz diz gelit sich selben alzemâle nihtes niht enminnet dan durch daz und in dem, des ez ein gelit ist. Dar umbe wære vil billich, und natiurlîche wære uns reht, daz wir uns selben nihtes niht enminneten dan durch got und in gote. Und wære daz alsô, sô wære uns allez daz lîht und wunne, daz got von uns und in uns wölte, sunderlîche, sô wir gewis wæren, daz got unglîche minner mac gelîden neheinen gebresten noch schaden, ob er niht ein vil grœzer gemach dar inne wiste und meinte. Wærlîche, der des gote niht getrûwete, daz ist alzemâle billich, daz er lîden und leit habe.

Noch ist ein ander trôst. Sant Paulus sprichet, daz got kestiget alle, die er ze sünen nimet und enpfæhet. Ez gehœret dar zuo, sol man sun sîn, daz man lîde. Wan gotes sun in der gotheit und in der êwicheit niht lîden enmohte, dar umbe sante in der himelsche vater in die zît, daz er mensche würde und lîden möhte. Wiltû danne gotes sun wesen und enwilt doch niht lîden, sô hâst dû gar unreht. In der wîsheit buoche stât geschriben, daz got prüevet und versuochet, wer gereht sî, als man ein golt prüevet und versuochet und brennet in einem eitoven. Ez ist ein zeichen, daz der künic oder ein vürste einem ritter wol getrûwet, sô er in sendet in den strît. Ich hân gesehen einen herren, der etwanne, sô er hâte einen ze gesinde enpfangen, daz er den sante ûz bî naht und reit in danne selber ane und vaht mit im. Und ez geschach eines, daz er vil nâhe getœtet wart von einem, den er alsô versuochen wolte; und den kneht hâte er dar nâch vil lieber dan vor.

Man liset, daz sant Antônius in der wüeste sunderlîche eines mâles grœzlîche in lîdenne was von den bœsen geisten, und dô er überwunden hâte sîn leit, dô erschein im ouch ûzerlîche unser herre vrœlîche. Dô sprach der heilige

und jedes Glied liebt von Natur aus den Menschen, dessen Glied es ist, mehr als sich selbst; es nimmt gern und ohne Bedenken Not und Nachteil um des Menschen willen auf sich. Ich sage mit Gewißheit und in Wahrheit: Das einzelne Glied liebt sich einzig und allein um des Menschen willen, dessen Glied es ist. Darum wäre es wohl begründet und entspräche unserer Natur, daß wir uns nur um Gottes willen und in Gott liebten. Dann wäre für uns alles, was Gott von uns und in uns wollen könnte, glückhaft und leicht. Vor allem wenn wir uns sicher wären, daß Gott ungleich weniger als die Natur Übel oder Schäden dulden würde, wenn er darin nicht einen größeren Gewinn erkennen und beabsichtigen würde. Wer das Gott nicht zutraut, dem geschieht nur recht, daß er Not und Leid hat.

Es gibt noch einen anderen Trostgrund. Der heilige Paulus sagt, Gott züchtige alle die, die er als Söhne adoptiert und aufnimmt. Zum Sohnsein gehört, daß man leide. In der Gottheit und in der Ewigkeit konnte Gottes Sohn nicht leiden, darum schickte ihn der himmlische Vater in die Zeit, damit er Mensch würde und leiden könnte. Willst du also Gottes Sohn sein und willst nicht leiden, so hast du völlig unrecht. Im *Buch der Weisheit* steht: Gott prüft und macht die Probe, wer gerecht sei, so wie man Gold im Schmelzofen prüft, zum Glühen bringt und erprobt. Schickt ein König oder ein Fürst einen Ritter in den Kampf, ist das ein Zeichen, daß er dem Ritter viel zutraut. Ich kannte einen Herren, der, wenn er jemanden unter seine Leute aufgenommen hatte, ihn bei Nacht ausschickte, ihn dann selbst angriff und mit ihm focht. Einmal passierte es, daß er beinahe getötet wurde von einem, den er auf diese Art auf die Probe stellen wollte. Und dieser Knecht war ihm nachher viel lieber als zuvor.

Man liest, daß der heilige Antonius in der Wüste einmal besonders hart zu leiden hatte von bösen Geistern. Als er sein Leid überwunden hatte, erschien ihm unser Herr persönlich in großer Heiterkeit. Da sagte der heilige Mann:

man: ach, lieber herre, wâ wære dû iezent, dô ich in sô grôzer nôt was? Dô sprach unser herre: ich was alhie, als ich nû bin. Ich wolte aber und mich luste ze schouwenne, wie vrom dû wærest. Ein silber oder ein golt ist wol reine; doch, sô man dar ûz wil machen ein vaz, dar ûz der künic trinken sol, sô brennet man daz sunderlîche mê dan ein anderz. Dar umbe ist von den aposteln geschriben, daz sie sich vröuweten, daz sie des wirdic wæren, smâcheit durch got ze lîdenne.

Gotes sun von natûre wolte von gnâden mensche werden, daz er durch dich lîden möhte, und dû wilt gotes sun werden und niht mensche, daz dû niht enmügest noch endürfest lîden durch got noch durch dich selben.

Ouch, wölte der mensche wizzen und gedenken, wie grôze vröude in der wârheit got selbe nâch sîner wîse und alle engel und alle, die got wizzent und minnent, hânt in gedult des menschen, sô er durch got lîdet leit und schaden, wærlîche, er solte sich durch daz aleine billîche trœsten. Ein mensche gibet doch sîn guot und lîdet ungemach, daz er sînen vriunt ervröuwen müge und im eine liebe bewîsen.

Ouch sol man aber gedenken: hæte ein mensche einen vriunt, der durch sîn willen in lîdenne wære und in leide und in ungemache, sicherlîche, ez wære gar billich, daz er bî im wære und in trôste mit sîn selbes gegenwerticheit und mit trôste, den er im getuon möhte. Dâ von sprichet unser herre von einem guoten menschen in dem salter, daz er mit im ist in dem lîdenne. Bî dem worte mac man nemen siben lêre und sibenerleie trôste.

Ze dem êrsten, daz sant Augustînus sprichet, daz gedult in lîdenne durch got ist bezzer, tiurer und hœher und edeler dan allez, daz man dem menschen wider sînen willen genemen mac; daz ist alles ûzerlich guot. Weiz got, man envindet nieman, der dise werlt minnet, sô rîchen, der niht williclîche und gerne enwölte lîden grôzen smerzen und lite ouch vil

«Ach, Herr, wo warst du denn eben, als ich in so großer Not war?» Da antwortete unser Herr: «Ich war hier, genau so wie jetzt. Ich wollte das aber und hatte Lust zu sehen, wie tapfer du bist.» Ein Stück Silber oder Gold ist wahrscheinlich rein, aber wenn man daraus ein Trinkgefäß für den König machen will, dann erhitzt man es noch stärker als ein anderes. Darum sagt die Schrift von den Aposteln, sie hätten sich gefreut, daß sie gewürdigt wurden, um Gottes willen Schmach zu erleiden.

Der von Natur Gottes Sohn war, wollte aus Gnade Mensch werden, damit er für dich leiden könnte, und du willst Gottes Sohn werden und aufhören, Mensch zu sein, damit du nicht um Gottes oder um deiner selbst willen leiden brauchst?

Wüßte der Mensch und bedächte er, wie große Freude Gott in Wahrheit auf seine Weise, aber auch die Engel und alle, die Gott wissen und lieben, an der Geduld des Menschen haben, wenn er um Gottes willen Leid und Verlust erduldet – das allein könnte ihn mit gutem Grund trösten. Ein Mensch gibt doch gern sein Eigentum her oder erträgt Leiden, um einen Freund zu erfreuen und ihm etwas Liebes zu erweisen.

Wiederum soll man bedenken: Hätte ein Mensch einen Freund, der um seinetwillen in Leid, Schmerz und Unglück wäre, dann wäre es doch nur recht, daß er bei ihm wäre, ihn tröstete durch seine Gegenwart und mit jeder Art Tröstung, die er ihm bringen könnte. Deshalb sagt unser Herr im Psalter von einem guten Menschen, er sei im Leiden bei ihm.

Diesem Wort lassen sich sieben weitere Lehrpunkte und Trostgründe entnehmen:

1. Der heilige Augustinus sagt: Geduld beim Leiden um Gottes willen ist besser, kostbarer, höher und größer als alles, was dem Menschen wider Willen genommen werden kann, also als alles äußere Gut. Weiß Gott! Man findet keinen Reichen, der die Welt liebt und der nicht gerne bereit wäre, großen Schmerz zu leiden und lange zu erdulden,

lange, daz er dar nâch möhte gewaltiger herre sîn aller dirre werlt.

Ze dem andern mâle ennime ich niht aleine bî dem worte, daz got sprichet, daz er ist mit dem menschen in sînem lîdenne, sunder ich nime ez ûz und in dem worte und spriche alsô: ist got mit mir in lîdenne, waz wil ich danne mê, waz wil ich danne anders? Ich enwil doch nicht anders, ich enwil niht mê dan got, ob mir reht ist. Ez sprichet sant Augustînus: «der ist gar gîtic und unwîse, dem niht engenüeget an gote», und sprichet anderswâ: «wie mac dem menschen genüegen an gotes gâben ûzerlîche oder innerlîche, sô im niht engenüeget an gote selben ?» Dar umbe sprichet er aber anderswâ: herre, wîsest dû uns von dir, sô gip uns einen andern dich, wan wir enwellen niht nan dich. Dar umbe sprichet daz buoch der wîsheit: mit gote, der êwigen wîsheit, sint mir komen zemâle mit einander guot gesîn, waz kumet âne got, und allez, daz kumet mit gote, daz ist guot und dâ von alein guot, daz es mit gote kumet. Ich wil gotes geswîgen. Benæme man allen crêatûren aller dirre werlt daz wesen, daz got gibet, sô bliben sie blôz niht, ungenæme, unwert und hezzeclich. Vil anders edels sinnes hât daz wort inne, wie allez guot mit gote kumet, daz nû ze lange würde ze sprechenne.

Ez sprichet unser herre: ich bin mit dem menschen in lîdenne. Dar ûf sprichet sant Bernhart: herre, bist dû mit uns in lîdenne, sô gip mir lîden alle zît, umbe daz dû alle zît bî mir sîst, daz ich dich alle zît habe.

Ze dem dritten mâle spriche ich: daz got mit uns ist in lîdenne, daz ist, daz er mit uns lîdet selbe. Wærlîche, der die wârheit bekennet, der weiz, daz ich wâr spriche. Got der lîdet mit dem menschen, jâ, er lîdet nâch sîner wîse ê und unglîche mê dan der dâ lîdet, der durch in lîdet. Nû spriche ich: wil danne got selber lîden, sô sol ich gar billîche lîden, wan, ist mir reht, sô wil ich, daz got wil. Ich bite alle tage,

wenn er nur danach der machtvolle Herr dieser ganzen Welt würde.

2. Gott sagt, er sei beim Menschen in seinem Leiden. Ich nehme dieses Wort nicht bildlich, sondern gehe ihm auf den Grund und sage: Wenn Gott im Leiden bei mir ist, was will ich dann mehr? Was will ich sonst noch? Wenn mein Leben richtig ist, dann will ich nichts anders als Gott, dann will ich nicht mehr. Der heilige Augustinus sagt: «Wem Gott nicht genügt, ist gierig und verrückt.» Anderswo sagt er: «Wie kann ein Mensch Genügen finden an den Gaben Gottes, äußeren oder inneren, wenn ihm Gott selbst nicht genügt?» Darum sagt er wieder an anderer Stelle: «Herr, wenn du uns von dir weist, dann gib uns einen anderen Dich, denn wir wollen nichts als dich.» Darum sagt das *Buch der Weisheit:* «Mit Gott, der ewigen Weisheit, habe ich auch alle anderen Güter bekommen.» Das heißt einmal, daß es nichts Gutes gibt und geben kann, das ohne Gott kommt, sodann heißt es: Alles, was mit Gott kommt, ist gut und ist nur deswegen gut, weil es mit Gott kommt. Ich rede jetzt einmal nicht von Gott, sondern von den Geschöpfen. Nähme man allen Dingen dieser Welt das Sein, das Gott ihnen gibt, so bliebe nur das reine Nichts, peinlich, wertlos, hassenswert. Dieser Satz, daß mit Gott alles Gute kommt, enthält noch mehr an großem Sinn, aber darüber hier zu sprechen, würde zu lange dauern.

Unser Herr sagt: «Ich bin beim Menschen in seinem Leiden.» Darauf antwortet der heilige Bernhard: »Herr, bist du bei uns im Leiden, dann laß mich immer leiden, damit du allezeit bei mir bist, daß ich dich immer besitze.»

3. Daß Gott im Leiden bei uns ist, das bedeutet, daß er selbst mit uns leidet. In Wahrheit: Wer die Wahrheit kennt, der weiß, daß ich Wahres sage. Gott leidet mit dem Menschen, ja er leidet auf seine Weise eher und ungleich mehr als der, der um Gottes willen leidet. Nun behaupte ich: Wenn Gott selbst leiden will, dann ist es nur recht, daß auch ich leide. Denn wenn ich richtig lebe, dann will ich, was

und got heizet mich biten: ‹herre, dîn wille gewerde›, und doch, sô got wil lîden, sô wil ich von lîdenne klagen; dem ist gar unreht. Ouch spriche ich sicherlîche, daz got sô gerne mit uns und durch uns lîdet, sô wir aleine durch got lîden, daz er lîdet sunder lîden. Lîden ist im sô wünniclich, daz lîden enist im niht lîden. Und dar umbe, wære uns reht, sô enwære ouch uns lîden niht lîden; ez wære uns wunne und trôst.

Ze dem vierden mâle spriche ich, daz vriundes mitlîden minnert natiurlîche diz lîden. Mac mich danne trœsten eines menschen lîden, daz ez mit mir hât, sô sol mich vil mê trœsten gotes mitlîden.

Ze dem vünften mâle: solte und wölte ich lîden mit einem menschen, den ich minnete und der mich minnete, sô sol ich gerne und gar billîche mit gote lîden, der dâ mit mir lîdet und durch mich lîdet von minne, die er ze mir hât.

Ze dem sehsten mâle spriche ich: ist, daz got vor lîdet, ê dan ich lîde, und lîde ich durch got, wærlîche, sô wirt mir lîhte trôst und vröude allez mîn lîden, swie grôz daz ist und manicvalt. Ez ist natiurlîche wâr: sô der mensche tuot ein werk durch ein anderz, sô ist daz, durch daz er ez tout, næher sînem herzen, und daz er tuot, ist verrer von sînem herzen und enrüeret daz herze niemer dan durch daz, dar umbe und durch daz er ez tuot. Der dâ bûwet und houwet daz holz und bicket den stein dar umbe und durch daz, daz er ein hûs mache wider hitze des sumers und wider vrost des winters, des herze ist ze dem êrsten und alzemâle daz hûs und enhouwete niemer den stein, noch entæte die arbeit dan durch daz hûs. Nû sehen wir wol, sô der sieche mensche trinket den süezen wîn, sô dünket in und sprichet, daz er bitter sî, und ist wâr, wan der wîn verliuset alle sine süezicheit in der bitterkeit der zungen ûzerlîche, ê dan der wîn kome inwendic, dâ diu sêle bekennet und urteilet den gesmak. Alsô ist, und unglîche mê und wærlîcher, sô der

Gott will. Ich bitte alle Tage, und Gott heißt es mich bitten: «Herr, dein Wille geschehe!», aber wenn Gott dann das Leiden will, dann will ich über das Leiden klagen. Das ist ganz falsch. Auch behaupte ich mit Gewißheit: Gott leidet gern mit uns und um unsertwillen, wenn wir allein um seinetwillen leiden: Dann leidet er ohne Leiden. Leiden ist ihm so lustvoll, daß Leiden für ihn kein Leiden ist. Würden wir recht leben, dann wäre auch für uns Leiden kein Leiden, sondern Lust und Trost.

4. Wenn ein Freund mit uns leidet, dann mindert das naturgemäß unser Leiden. Kann mich aber das Leiden eines Menschen trösten, das er mit mir teilt, dann wird Gottes Mitleiden mich noch viel mehr trösten.

5. Wenn ich schon mit einem Menschen, den ich liebe und der mich liebt, leiden soll und will, dann sollte ich doch gern und erst recht mit Gott leiden, leidet er doch mit mir und meinetwegen aus Liebe zu mir.

6. Wenn Gott *vor* mir leidet, ehe ich leide, und wenn ich um Gottes willen leide, so wird all mein Leiden, sei es noch so groß und vielfältig, leicht zu Trost und Freude. Es ist wahr aus der Natur der Dinge: Tut ein Mensch etwas um eines anderen Tuns willen, dann ist das Ziel, um dessentwillen er handelt, seinem Herzen näher. Das was er augenblicklich tut, steht seinem Herzen ferner; es berührt ihn nur im Hinblick auf das Ziel, um dessentwillen er handelt. Wenn jemand ein Haus baut und Holz schlägt oder Stein schneidet, um Schutz gegen die Hitze des Sommers und die Kälte des Winters zu schaffen, dann ist sein Ziel zuerst und vor allem das Haus; niemals würde er den Stein behauen und die ganze Mühe auf sich nehmen, wäre es nicht für das Haus. Nun beobachten wir, daß, wenn ein Kranker süßen Wein trinkt, er ihm bitter vorkommt und er sagt, der Wein sei bitter. Das ist auch wahr, denn der Wein verliert all seine Süße in der Bitterkeit der Zunge, außen, bevor er nach innen kommt, dorthin, wo die Seele den Geschmack erkennt und

mensche würket alliu sîniu werk durch got, sô ist dâ got daz mittel und daz næheste der sêle, und enmac niht die sêle und daz herze des menschen rüeren, daz niht enverliese durch got und durch gotes süezicheit und enmüeze von nôt verliesen sîn bitterkeit und lûter süeze werden, ê dan ez des menschen herze iemer müge rüeren.

Ouch ist daz ein ander zeichen und glîchnisse: die meister sprechent, daz under dem himel ist viures vil al umbe und umbe, und dar umbe enmac kein regen noch wint noch allerleie stürme noch ungewitter von unden dem himel sô nâhe komen, daz in joch iht rüeren müge ; ez wirt allez verbrant und verderbet von des viures hitze, ê dan ez an den himel kome. Alsô spriche ich: allez, daz man lîdet und würket durch got, daz wirt allez süeze in gotes süezicheit, ê dan ez ze des menschen herzen kome, der durch got würket und lîdet. Wan daz meinet daz wort, daz man sprichet ‹durch got›, wan ez enkumet an das herze niemer dan durch gotes süezicheit vliezende, in der ez verliuset sîne bitterkeit. Ouch wirt ez verbrant von dem hitzigen viuere der götlîchen minne, diu des guoten menschen herze al umbe in ir beslozzen hât.

Nû mac man offenbârlîche bekennen, wie billîche und in vil wîse ein guot mensche allenthalben getrœstet wirt in lîdenne, an leide und würkenne. Ein wîse ist, ob er lîdet und würket durch got; ein ander wîse, ob er ist in götlîcher minne. Ouch mac der mensche bekennen und wizzen, ob er alliu sîniu werk durch got würket und ob er sî in gotes minne; wan sicherlîche, swâ sich der mensche leidic und sunder trôst vindet, alsô verre enwas sîn werk niht durch got aleine, sich ! und alsô verre enist er niht alles in götlîcher minne. Ein viur, sprichet künic Dâvît, kumet mit gote und vor gote, daz brennet al umbe und umbe allez, daz got wi-

beurteilt. Eben das geschieht, und zwar im ungleich höheren und wahreren Sinn, wenn der Mensch alles um Gottes willen tut. Denn dann ist Gott in der Mitte zwischen dir und dem Leiden; er als Ziel ist das, was der Seele am nächsten steht. Dann kann nichts die Seele und das Herz des Menschen erreichen, das nicht seine Bitterkeit durch Gott und dessen Süße mit Notwendigkeit verlieren muß. Es muß reine Süße werden, bevor es irgend das Herz des Menschen berühren kann.

Noch ein Zeichen und ein Vergleich: Die Meister lehren, unter dem Himmel gebe es ein Feuer, das ihn vollständig ringsum verschließt. Deswegen können weder Regen noch Wind, weder Sturm noch Unwetter von unten den Himmel berühren; die Feuershitze verbrennt und vernichtet alles, bevor es den Himmel erreicht. Ich sage nun: Genau so wird alles, was man um Gottes willen leidet und tut, süß in Gottes Süße, bevor es das Herz des Menschen erreicht, der um Gottes willen handelt und leidet. Denn der Ausdruck «um Gottes willen» bedeutet genau dies: Nichts kommt irgend in das Herz des Menschen, das nicht seine Bitterkeit verloren hätte, als es hindurchströmte durch Gottes Süße. Man kann auch sagen: es wird verbrannt in der Gluthitze der göttlichen Liebe, die das Herz des guten Menschen vollständig ringsum verschlossen hält.

Jetzt kann man augenscheinlich erkennen, wie leicht und wie vielfältig ein guter Mensch im Leid getröstet wird, sei's im Erleiden, sei's im Handeln. Die erste Art des Trostes: Wenn er leidet und handelt um Gottes willen. Die zweite Art: Wenn er stillsteht in Gottes Liebe. Der Mensch kann erkennen und wissen, ob er alles tut um Gottes willen und ob er in Gottes Liebe steht. Denn gewiß: Findet ein Mensch sich leidend und ohne Trost, dann hat er nicht nur um Gottes willen gehandelt. Insofern steht er auch nicht ständig in Gottes Liebe. «Ein Feuer kommt», sagt König David, «mit Gott und geht vor ihm her. Das verbrennt ringsum alles, was

der im vindet und im unglîch ist, daz ist leit, untrôst, unvride und bitterkeit.

Noch ist daz sibende in dem worte, daz got mit uns ist in lîdenne und mitlîdet mit uns: daz uns krefticlîche sol trœsten gotes eigenschaft dâ von, daz er daz lûter ein ist sunder alle zuovallende menge underscheídes, joch in gedanken; daz allez, daz in im ist, got selbe ist. Und, wan daz wâr ist, sô spriche ich: allez, daz der guote mensche lîdet durch got, daz lîdet er in gote, und got ist mit im lîdende in sînem lîdenne. Ist mîn lîden in gote und mitlîdet got, wie mac mir danne lîden leit gesîn, sô lîden leit verliuset und mîn leit in gote ist und mîn leit got ist? Wærlîche, als got wârheit ist und swâ ich wârheit vinde, dâ vinde ich mînen got, die wârheit: alsô ouch, noch minner noch mê, sô ich vinde lûter lîden durch got und in gote, dâ vinde ich got mîn lîden. Swer daz niht enbekennet, der klage sîne blintheit, niht mich noch die götlîche wârheit und minniclîche milticheit.

Nâch dirre wîse sô lîdet durch got, sît ez sô grœzlîche nütze ist und sælicheit. ‹Sælic sint›, sprach unser herre, ‹die dâ lîdent durch die gerehticheit. Wie mac der güete-minnende got daz lîden, daz sîne vriunde, guote liute, niht alle zît âne underlâz in lîdenne ensint? Hæte ein mensche einen vriunt, der kurze tage lîden möhte, daz er dâ von grôzen nutze, êre und gemach verdienen und lange besitzen solde, wölte er daz hindern oder wære sîn wille, daz ez von iemanne gehindert würde, man enspræche niht, daz er sîn vriunt wære oder daz er in liep hæte. Dar umbe: viel lîhte got enmöhte enkeine wîs lîden, daz sîne vriunde, guote liute, iemer sunder lîden enwæren, ob sie niht enmöhten unlîdende lîden. Alle güete des ûzerlîchen lîdennes kumet und vliuzet von güete des willen, als ich vor geschriben hân. Und dar umbe: allez, daz der guote mensche lîden wölte

Gott gegen sich gerichtet findet», alles, was ihm ungleich ist, also Leid, Unglück, Unfrieden, Bitterkeit.

7. Nun noch der siebte Trostgrund, der in dem Satz liegt, daß Gott bei uns ist im Leiden und mit uns leidet. Starker Trost erwächst uns aus der charakteristischen Eigenheit Gottes, daß er das reine Eine ist. Keine Vielheit, kein Unterschied, sei's auch nur ein gedanklicher, tritt zum Einen hinzu. Alles, was in ihm ist, ist Gott selber. Da dies wahr ist, folgere ich: Alles, was der gute Mensch um Gottes willen leidet, das leidet er in Gott. Und Gott leidet mit ihm in seinem Leiden. Wenn aber mein Leiden in Gott ist und wenn Gott mitleidet, wie kann dann das Leiden für mich Leid sein, wenn Leiden das Leid verliert? Wenn mein Leid in Gott und wenn Leid Gott ist? Wahrhaftig: Gott ist die Wahrheit, und wo immer ich Wahrheit finde, finde ich meinen Gott, die Wahrheit. Genau so, nicht weniger und nicht mehr, finde ich, wenn ich reines Leiden um Gottes willen und in Gott finde, daß mein Leiden Gott ist. Wer das nicht einsieht, der klage seine Blindheit an, nicht mich oder die göttliche Wahrheit und liebevolle Güte.

Leidet auf diese Weise um Gottes willen! Denn so ist es von größtem Nutzen, es ist die Seligkeit. Unser Herr sagte: «Selig sind, die um der Gerechtigkeit willen leiden!» Wie kann Gott, der das Gutsein liebt, es zulassen, daß seine Freunde, gute Menschen, nicht immer ohne Unterbrechung am Leiden sind? Nehmen wir an: Ein Mensch hätte einen Freund, der es für wenige Tage auf sich nähme zu leiden, um dadurch großen Nutzen, Ehre und Glück zu verdienen und auf lange Zeit zu besitzen. Wollte er das verhindern oder wäre es sein Wille, daß irgend jemand es verhinderte, dann würde man doch nicht zugeben, daß er sein Freund wäre oder daß er ihn lieb hätte. Darum könnte es doch wohl Gott in keiner Weise dulden, daß seine Freunde, gute Menschen, je ohne Leid wären. Sonst könnten sie ja nicht nicht-leidend leiden. Wie ich oben geschrieben habe,

und bereit ist und begert ze lîdenne durch got, daz lîdet er vor gotes angesiht und durch got in gote. Künic Dâvît sprichet in dem salter: ich bin bereit in allem ungemache, und mîn smerze ist mir alle zît gegenwertic in mînem herzen, in mîner angesiht. Sant Jeronimus sprichet, daz ein reine wahs, daz wol weich ist und guot, dar ûz und dâ von ze würkenne, waz man sol und wil, hât in im beslozzen allez, daz man dâ von gewürken mac, aleine ouch ûzerlîche nieman dâ von iht würke. Ouch hân ich dâ oben geschriben, daz der stein niht minner swære enist, sô er niht nider enliget ûzerlîche ûf der erde; alliu sîniu swære ist volkomen in dem, daz er nider neiget und bereit ist in im selben nider ze vallene. Alsô hân ich ouch dâ oben geschriben, daz der guote mensche hât iezent getân in himelrîche und in ertrîche allez, daz er tuon wolte, ouch glîch dar ane gote.

Nû mac man bekennen und wizzen gropheit der liute, die gemeinlîche wunder hânt, sô sie sehent guote liute smerzen lîden und ungemach, und vellet in dicke ein gedank în und ein wân, daz ez sî durch ir heimelîchen sünde, und sprechent ouch underwîlen: ach, ich wânde, daz der mensche gar guot wære. Wie ist, daz er sô grôz leit und ungemach lîdet, und ich wânde, im engebreste niht? Und ich spriche mit in: sicherlîche, wære ez leit und wære ez in leit und ungelücke, daz sie lîdent, sô enwæren sie niht guot noch âne sünde. Sint sie aber guot, sô enist in daz lîden niht leit noch ungelücke, sunder ez ist in ein grôz gelücke und sælicheit. ‹Sælic›, sprach got, diu wârheit, ‹sint alle, die dâ lîdent durch die gerehticheit›. Dar umbe sprichet daz buoch der wîsheit, daz ‹der gerehten sêlen sint gote in sîner hant›. ‹Tumbe liute dunket und wænent, daz sie sterben und verderben,› ‹doch sie sint in vride›, in wunne und in sælicheit. Sant Paulus, dâ er schrîbet, wie vil der heiligen hânt geliten

kommt und fließt alles Gutsein des äußeren Leidens aus dem Gutsein des Willens. Darum leidet der gute Mensch alles das tatsächlich vor Gottes Augen und in Gott, was er leiden will und was zu leiden er bereit ist. König David sagt im Psalter: »Ich bin bereit in allem Ungemach, und mein Schmerz ist mir allezeit gegenwärtig vor dem Angesicht meines Herzens.» Der heilige Hieronymus sagt: «Reines Wachs, das ganz weich ist und geschmeidig, daß man alles daraus formen kann, was man will oder soll, enthält bereits alles in sich, was man daraus formen kann, auch wenn niemand etwas daraus außen sichtbar modelliert.» Oben habe ich ja auch geschrieben: Der Stein ist nicht deshalb weniger schwer, weil er nicht außen sichtbar unten auf der Erde liegt. Seine ganze Schwere besteht vollständig darin, daß er nach unten tendiert und in sich selbst bereit ist, nach unten zu fallen. Wie ich oben geschrieben habe: Der gute Mensch hat im Himmel und auf Erden bereits jetzt alles getan, was er tun wollte; auch darin gleicht er Gott.

Hier kann man die Grobheit der Leute durchschauen und wissen, die sich gewöhnlich groß wundern, wenn sie gute Menschen Schmerz und Unglück erleiden sehen. Sie machen sich allerhand Gedanken, und oft fällt ihnen der Schwachsinn ein, es geschehe verborgener Sünden wegen. Manchmal sagen sie auch: «Ach, ich dachte, dieser Mensch ist gut! Wie ist es möglich, daß er so großes Leid und Unglück erleidet, und ich dachte doch, er sei ganz in Ordnung.» Ich stimme ihnen zu: Wäre es wirkliches Leid und würden sie leiden unter Leid und Unglück, dann wären sie nicht gut; sie wären nicht ohne Sünde. Sind sie aber gut, dann ist für sie das Leiden weder Leid noch Unglück, sondern großes Glück und Seligkeit. Gott, der die Wahrheit ist, sagte: «Selig sind die, die um der Gerechtigkeit willen leiden!» Darum sagt das *Buch der Weisheit*: «Die Seelen der Gerechten sind in Gottes Hand. Toren meinen, sie sterben und verderben. Aber sie sind im Frieden.» Sie sind im Glück,

manigerleie grôze pîn, dâ sprichet er, daz diu werlt des unwirdic was, und daz wort hât in im, der im rehte tuot, drîerhande sinne. Einer ist, daz disiu werlt ist unwirdic vil guoter liute gegenwerticheit. Ein ander sin ist bezzer und sprichet, daz güete dirre werlt ist unmære und unwert; got ist aleine wert, dar umbe sint sie gote wert und gotes wert. Der dritte sin ist, den ich nû meine, und wil sprechen, daz disiu werlt, daz sint die liute, die diese werlt minnent, sint des unwert, daz sie leit und ungemach lîdent durch got. Dâ von ist geschriben, daz die heiligen aposteln sich des vröuweten, daz sie wirdic wâren, daz sie durch gotes namen pîn liten.

Nû sî der rede genuoc, wan ich dem dritten teile dis buoches schrîben wil manigerleie trôst, wie sich ouch trœsten sol und mac ein guot mensche an sînem leide, wie man daz vindet an den werken, niht aleine an den worten guoter und wîser liute.

III.

Man liset in der künige buoche, daz einer dem künige Dâvît vluohte und im grôze smâcheit bôt. Dô sprach einer Dâvîdes vriunde, daz er den bœsen hunt ze tôde slahen wölte. Dô sprach der künic: nein ! wan vil lîhte got wil und sol mir durch dise smâcheit mîn bestez tuon.
Man liset in der veter buoche, daz ein mensche klagete einem heiligen vater, daz er was in lîdenne. Dô sprach der vater: wiltû, sun, daz ich got bite, daz er dir daz beneme? Dô sprach der ander: nein, vater, wan ez ist mir nütze; daz bekenne ich wol. Sunder bite got, daz er mir sîn gnâde gebe, daz ich ez willîche lîde.

sind in der Seligkeit. Wo Paulus davon spricht, viele Heilige hätten sehr verschiedene Arten großer Qual gelitten, da fügte er hinzu, die Welt sei das nicht wert gewesen. Dieser Satz hat, wenn man ihn recht versteht, einen dreifachen Sinn. Der erste ist: Diese Welt ist die Anwesenheit vieler guter Menschen nicht wert. Ein zweiter Sinn ist besser und besagt: Das Gutsein dieser Welt ist gleichgültig und wertlos; Gott allein ist wert; darum sind sie für Gott von Wert und Gottes würdig. Der dritte Sinn des Satzes, um den es mir hier geht: Diese Welt – das heißt: die Leute, die diese Welt lieben – sind nicht wert, daß sie Leid und Unglück um Gottes willen leiden. Darum steht in der Schrift, die heiligen Apostel hätten sich darüber gefreut, daß sie würdig waren, um des Namens Gottes willen Qualen zu erleiden.

Damit genug an begründenden Reden. Denn im dritten Teil dieses Buchs will ich über mancherlei Trost schreiben, mit dem ein guter Mensch sich trösten soll und kann in seinem Leid. Er findet ihn in Taten, nicht nur in Reden guter und weiser Menschen.

III.

Man liest im *Buch der Könige*, jemand habe König David verflucht und ihm große Schmach angetan. Da sagte einer von Davids Freunden, erschlagen wolle er den bösen Hund. Da sagte der König: «Nein! Denn Gott will und wird mir vielleicht durch diese Schmach mein Bestes geben.»

Man liest in den *Lebensbeschreibungen der Wüstenväter*, ein Mensch habe sich bei einem der heiligen Väter darüber beklagt, daß er litt. Da sagte der Vater: «Willst du, Sohn, daß ich Gott bitte, daß er dir das wegnehme?» Da sagte der andere: «Nein, Vater, denn es ist für mich nützlich. Das sehe ich wohl ein. Aber bitte Gott, daß er mir die Gnade gebe, daß ich willig leide.»

Man vrâgete eines einen siechen menschen, warumbe er got niht enbæete, daz er in gesunt machete. Dô sprach der mensche, daz wölte er ungerne tuon durch drî sache: ein was, wan er wölte des gewis sîn, daz der minniclîche got niemer enmöhte daz gelîden, daz er siech wære, ez enwære sîn bestez.

Ein ander sache was, wan ist der mensche guot, sô wil er allez, daz got wil, und niht, daz got welle, daz der mensche welle; dem wære gar unreht. Und dar umbe: wil er, daz ich siech sî – wan enwölte er sîn niht, so enwære ez ouch niht –, sô ensol ich ouch niht wünschen gesunt wesen. Wan âne zwîvel, möhte daz gesîn, daz mich got gesunt machete âne sînen willen, mir wære unwert und unmære, daz er mich gesunt machete. Wellen kumet von minne, niht-wellen kumet von unminne. Vil lieber, bezzer und nützer ist mir, daz mich got minne und ich ouch siech sî, dan ob ich gesunt an dem lîbe wære und mich got niht enminnete. Daz got minnet, daz ist iht; waz got niht enminnet, daz enist niht, alsô sprichet daz buoch der wîsheit. Ouch hât daz die wârheit, daz allez, daz got wil, in dem selben und von dem selben, daz ez got wil, sô ist ez guot. Wærlîche, menschlîche ze sprechenne: mir wære lieber, daz mich ein rîcher, gewaltiger mensche, ein künic, minnete und mich doch eine wîle lieze âne gâbe, dan ob er mir alzehant hieze etwaz geben und mich niht enminnete *ze wâre*; sô er von minne mir nû zemâle niht engæbe und mir aber dar umbe nû niht engæbe, daz er mich dar nâch grœzlîcher und rîchlîcher begâben wölte. Nochdanne setze ich, daz der mensche, der mich minnet und mir nû niht engibet, nicht gedenket mir noch ze gebenne; vil lîhte bedenket er sich her nâch baz und gibet mir. Ich sol gedulticlîche bîten, sunderlîche, als sîn gâbe von gnâden ist und unverdienet. Ouch sicherlîche: wes minne ich niht enahte und mîn wille sînem willen wider ist, aleine daz ich sîn gâbe hæte, sô ist daz gar billich, daz mir der niht engebe und mich ouch hazze und lâze mich in unsælden.

Man fragte einmal einen kranken Menschen, warum er nicht Gott bitte, ihn gesund zu machen. Da antwortete er, das würde er ungern tun, und zwar aus drei Gründen.

Der erste Grund: Er wolle sich sicher sein, der Gott der Liebe könne die Krankheit nur zulassen, wenn sie zu seinem Besten gereiche.

Ein zweiter Grund: Der Mensch, sofern er gut ist, will alles, was Gott will. Er wolle nicht, daß Gott wolle, was der Mensch will. Das wäre völlig falsch. Wenn er also will, daß ich krank bin – denn wenn er es nicht wollte, wäre ich es auch nicht -, dann soll auch ich nicht wünschen, gesund zu sein. Denn gewiß: Könnte es überhaupt sein, daß Gott mich gesund machte ohne seinen Willen, so wäre, daß er mich gesund machte, mir wertlos, ja zuwider. Wollen entsteht aus Lieben, Nichtwollen aus Nichtlieben. Daß Gott mich liebt und ich dabei krank bin, das ist mir viel lieber, das ist besser und nützt mir mehr, als wenn ich körperlich gesund wäre und Gott mich nicht liebte. Was Gott liebt, das *ist* etwas; was Gott nicht liebt, das *ist* nichts, sagt das *Buch der Weisheit*. Darin liegt ja auch die Wahrheit, daß alles, was Gott will, sofern und weil Gott es will, gut ist. In Wahrheit, um nach Menschenart zu sprechen: Mir wäre es gewiß lieber, ein reicher, mächtiger Mann, ein König, liebte mich und ließe mich doch eine Weile ohne Geschenke, als wenn er mir sofort etwas geben ließe, ohne mich in Wirklichkeit zu lieben, zumal wenn er mir deshalb jetzt nichts schenkte, weil er mich später um so großartiger und reichlicher beschenken wollte. Aber selbst wenn ich den Fall annehme, der Mann, der mich liebt und mir jetzt nichts schenkt, habe nicht die Absicht, mich später zu beschenken, vielleicht besinnt er sich später eines Besseren und beschenkt mich doch. Ich werde geduldig warten, schließlich ist seine Gabe eine Gnade und unverdient. Und gewiß: Wenn ich jemandes Liebe mißachte, wenn ich mich seinem Willen widersetze und es mir einzig auf seine Geschenke ankommt, der hat

Diu dritte sache, war umbe mir unwert und unmære wære, daz ich got welle biten, daz er mich gesunt mache: wan ich enwil noch ensol den rîchen, minniclîchen, milten got umbe sô kleine niht biten. Wære, daz ich ze dem bâbeste kæme hundert oder zwei hundert mîle und sô ich danne kæme vor in und spræche: herre, heiliger vater, ich bin komen wol zwei hundert mîle swæres weges mit grôzer koste und bite iuch, dar umbe ich ouch her ze iu komen bin, daz ir mir gebet eine bône, wærlîche, er selbe und swer daz vernæme, spræche, und gar billîche, daz ich ein grôzer tôre wære. Nû ist daz ein gewizziu wârheit, daz ich spriche, daz allez guot, joch alle crêatûren, gegen gote ist minner dan ein bône gegen aller dirre lîplîchen werlt. Dar umbe versmâhete mir billîche, ob ich ein guoter, wîser mensche wære, daz ich wölte biten, daz ich gesunt wære.

Bî dirre rede spriche ich ouch: daz ist eines kranken herzen zeichen, sô ein mensche vrô oder leidic wirt umbe zergenclîchiu dinc dirre werlt. Man sölte sich des sêre schamen von herzen vor gote und sînen engeln und vor den liuten, daz man des iemer gewar würde. Man schamet sich sô vaste eines gebresten an dem antlitze, daz die liute sehent ûzerlîche. Waz wil ich langer reden? Diu buoch der alten ê und der niuwen und ouch der heiligen und ouch der heidenen sint des vol, wie vrome liute durch got und ouch durch natiurlîche tugent ir leben hânt gegeben und ir selbes willilîche verzigen.

Ein heidenischer meister, Socrates, sprichet, daz tugende machent unmügelîchiu dinc mügelich und ouch lîht und süeze. Ouch enwil ich des niht vergezzen, daz diu sælige vrouwe, von der schrîbet daz buoch von den Machabeis, ûf einen tac vor irn ougen sach wunderlîche und ouch ze

völlig recht, wenn er mir nichts gibt, ja mich sogar haßt und im Unglück läßt.

Der dritte Grund, weshalb es mir gleichgültig und zuwider wäre, Gott bitten zu wollen, daß er mich gesund macht: Ich soll und will den reichen, großzügigen, liebenden Gott nicht um etwas so Geringfügiges bitten. Wenn ich über hundert oder zweihundert Meilen zum Papst pilgerte, träte dann vor ihn hin und sagte: Herr, Heiliger Vater, ich bin auf wohl zweihundert Meilen mühsamen Wegs mit großem Aufwand hierhergekommen und bitte euch nun um das, weshalb ich gekommen bin: gebt mir eine Bohne, dann würde er und würde jeder, der das hörte, mit Recht sagen, ich sei ein großer Narr. Nun ist es unbestreitbar, wenn ich sage: Jedes einzelne Gute, ja die Schöpfung insgesamt ist im Vergleich zu Gott weniger wert als eine Bohne im Vergleich zu dieser ganzen Körperwelt. Wenn ich ein guter und weiser Mensch wäre, würde ich es daher zu Recht verschmähen, Gott darum bitten zu wollen, daß ich gesund würde.

Zu dieser Begründung füge ich hinzu: Machen vergängliche Dinge dieser Welt einen Menschen glücklich oder unglücklich, so ist das ein Zeichen großer Schwäche. Wer es an sich bemerkt, sollte sich von Herzen schämen – vor Gott, seinen Engeln und den Menschen. Aber was soll ich noch weiter argumentieren? Die Bücher des Alten und des Neuen Bundes, die der Heiligen und die der Heiden sind voll davon, wie fromme Menschen um Gottes willen, aber auch aus natürlicher Tugend ihr Leben hingegeben und sich selbst frei verleugnet haben. Man schämt sich schon so sehr über eine Verstümmelung im Gesicht, welche die Menschen einem äußerlich ansehen können.

Sokrates, ein heidnischer Meister, sagt: Tugenden machen unmögliche Dinge möglich, und zwar leicht und mit Freude. Auch das will ich nicht vergessen: Die selige Frau, von der das Buch der Makkabäer erzählt, sah an einem einzigen Tag entsetzliche, unmenschliche Qualen, von denen

hœrenne unmenschlîche und griuslîche pîn, die man irn siben sünen anelegete und anetete, und daz vrœlîche anesach und enthielt sie und manete sie alle sunderlîche dar zuo, daz sie niht erschræken und williclîche lîp und sêle ûfgæben durch gotes gerehticheit. Dâ mite sî des buoches ein ende.

Doch sô wil ich noch zwei wort sprechen.

Einez ist, daz wærlîche ein guot, götlîcher mensche sölte sich gar übel und grœzlîche schamen, daz in iemer leit bewegete, sô wir daz sehen, daz der koufman durch gewin eines kleinen geltes und ouch ûf ein ungewis sô verre landes, sô pînlîche wege, berge und tal, wiltnisse und mer, rouber, morder lîbes und guotes dicke vert und lîdet grôzen gebresten an spîse und trankes, slâfes und anders ungemaches und doch alles des vergizzet gerne und williclîche durch sô kleinen ungewissen nutz. Ein ritter in einem strîte wâget guot, lîp und sêle durch zergenclîche und vil kurze êre, und uns dunket sô grôz, daz wir ein kleine lîden durch got, die êwige sælicheit.

Daz ander wort, daz ich meine, daz maniger grop mensche sol sprechen, daz vil wort, diu ich an disem buoche und ouch anderswâ geschriben hân, niht wâr ensîn. Dem antwürte ich, daz sant Augustînus sprichet in dem êrsten buoche sîner bîhte. Er sprichet, daz got allez, daz noch zuokünftic ist, joch über tûsent und tûsent jâr, ob diu werlt als lange solte wern, hât iezent gemachet, und allez, daz vergangen ist manic tûsent jâr, sol noch hiute machen. Waz mac ich, ob ieman daz niht enverstât? Und sprichet aber anderswâ, daz sich der mensche alze blœzlîche minnet, der ander liute blenden wil, dar umbe daz sîn blintheit verborgen wese. Mir genüeget, daz in mir und in gote wâr sî, daz ich spriche und schrîbe. Der einen stapschaft sihet gestôzenen in ein wazzer, den dunket der stap krump sîn, aleine er gar reht sî, und kumet daz dâ von, daz daz wazzer gröber ist dan der luft sî;

man mit Grausen hört, die man ihren sieben Söhnen antat, mit heiterer Gelassenheit an; sie stärkte ihren Mut und mahnte jeden einzeln, nicht zu verzagen und willig Leib und Seele aufzugeben um der Gerechtigkeit Gottes willen.

Damit soll dieses Buch enden.

Doch zwei Dinge will ich noch hinzufügen.

Das eine ist: Ein guter, ein göttlicher Mensch wäre in Wahrheit tief beschämt, würde ihn je ein Leid erschüttern. Denn das haben wir vor Augen: Ein Kaufmann zieht um eines kleinen Gewinns willen aufs Ungewisse hin weit übers Land; er nimmt beschwerliche Wege auf sich, über Berg und Tal, Wildnis und Meer; Räuber und Mörder bedrohen sein Leben und seine Habe; er leidet große Entbehrungen an Essen und Trinken und Schlaf, er hält Unbequemlichkeiten aus – und vergißt das doch alles gern und freiwillig um eines kleinen ungewissen Nutzens willen. Ein Ritter wagt im Kampf Vermögen, Leib und Leben, und das für vergängliche Ehre von ganz kurzer Dauer, und wir halten es für eine große Sache, wenn wir ein wenig leiden für Gott und die ewige Seligkeit.

Und was ich noch sagen wollte: Mancher grobsinnige Mensch wird behaupten, viele Sätze, die ich hier und sonstwo geschrieben habe, seien nicht wahr. Dem antworte ich mit einem Zitat des heiligen Augustinus aus dem ersten Buch seiner *Bekenntnisse.* Er sagt dort: «Alles, was in der Zukunft liegt, und seien es tausend oder abertausend Jahre, falls die Welt so lange bestehen sollte, das hat Gott jetzt gemacht, und alles, was schon einige Jahrtausende vergangen ist, das wird er noch heute machen. Was kann ich dafür, wenn das jemand nicht versteht?» Und an anderer Stelle sagt er: «Wer andere Leute blenden will, um seine eigene Blindheit zu verbergen, dessen übertriebene Eigenliebe liegt gar zu offen. Mir genügt es, daß das, was ich rede und schreibe, in mir und in Gott wahr ist.» Wer einen Stock beobachtet, der ins Wasser gehalten wird, der hält ihn für krumm, obwohl er ganz gerade ist. Das

doch ist der stap beidiu in im reht und niht krump und ouch in des ougen, der in sihet in lûterkeit des luftes aleine.

Sant Augustînus sprichet: swer âne allerleie gedenke, allerleie lîphafticheit und bilde inne bekennet, daz kein ûzerlich sehen îngetragen enhât, der weiz, daz ez wâr ist. Der aber des niht enweiz, der lachet und spottet mîn, und ich erbarme mich über in. Aber sôgetâne liute wellent schouwen und smacken êwigiu dinc und götlîchiu werk und in dem liehte stân der êwicheit, und ir herze vliuget noch in gestern, noch in morgen.

Ein heidenischer meister, Senecâ, sprichet: man sol von grôzen und von hôhen dingen mit grôzen und mit hôhen sinnen sprechen und mit erhabenen sêlen. Ouch sol man sprechen, daz man sôgetâne lêre niht ensol sprechen noch schrîben ungelêrten. Dar zuo spriche ich: ensol man niht lêren ungelêrte liute, sô enwirt niemer nieman gelêret, sô enmac nieman lêren noch schrîben. Wan dar umbe lêret man die ungelêrten, daz sie werden von ungelêret gelêret. Enwære niht niuwes, sô enwürde niht altes. ‹Die gesunt sint›, sprichet unser herre, ‹die enbedürfen der arzenîe niht›. Dar umbe ist der arzât, daz er die siechen gesunt mache. Ist aber ieman, der diz wort unrehte vernimet, waz mac des der mensche, der diz wort, daz reht ist, rehte sprichet? Sant Johannes sprichet daz heilige êwangelium allen geloubigen und ouch allen ungeloubigen, daz sie geloubic werden, und doch beginnet er daz êwangelium von dem hœhsten, daz kein mensche von gote hie gesprechen mac; und ouch sint sîniu wort und ouch unsers herren wort dicke unrehte vernomen.

Der minniclîche, milte got, diu wârheit, gebe mir und allen den, die diz buoch suln lesen, daz wir die wârheit in uns vinden, und gewar werden. Âmen.

kommt daher, daß das Wasser dichter ist als die Luft. Trotzdem ist der Stock grade und nicht krumm – sowohl an sich wie in den Augen dessen, der ihn in der bloßen Luft sieht.

Der heilige Augustinus sagt: «Wer ohne Nebengedanken, ohne vielerlei körperlicher Vorstellungen und Bilder in seinem Innern geistig erkennt, was keine sinnliche Wahrnehmung in ihn hineingetragen hat, der weiß, daß es wahr ist. Wer das aber nicht weiß, der lacht mich aus und spottet über mich, aber mir tut er leid. Aber solche Leute wollen ewige Dinge und Gottes Taten anschauen und genießen. Sie wollen im Licht der Ewigkeit stehen, und dabei flattert ihr Herz noch im Gestern und Morgen.»

Seneca, ein heidnischer Meister, sagt: «Von großen und hohen Dingen soll man mit großem und hohem Sinn sprechen, mit großgearteter Seele. Eine solche Lehre – müsse man sagen – sei Ungebildeten nicht mitzuteilen, weder mit Worten noch durch Schrift.» Ich aber behaupte: Wenn man Ungebildete nicht belehren darf, dann wird niemand je gebildet, dann kann auch niemals jemand lehren oder schreiben. Man belehrt Ungebildete doch nur deshalb, damit aus Ungebildeten Gebildete werden. Wenn es nichts Neues gäbe, dann würde auch nichts alt. «Wer gesund ist», sagt unser Herr, «der braucht keine Arznei.» Der Arzt ist dafür da, die Kranken zu heilen. Faßt aber einer ein hohes Wort, das richtig ist, falsch auf – was kann der dafür, der dieses Wort, das recht ist, zu Recht ausspricht? Der heilige Johannes verkündet das heilige Evangelium allen Gläubigen, aber auch allen Ungläubigen, damit diese gläubig werden, und doch beginnt er das Evangelium mit dem Höchsten, das je ein Mensch im irdischen Leben von Gott hat sagen können, und seine Worte – aber auch die Worte unseres Herrn – wurden wahrhaftig oft falsch aufgenommen.

Der liebende und milde Gott, der die Wahrheit ist, gebe mir und allen, die dieses Buch lesen werden, daß wir in uns die Wahrheit entdecken und begreifen. Amen.

VOM EDLEN MENSCHEN

Unser herre sprichet in dem êwangeliô: ‹ein edel mensche vuor ûz in ein verrez lant enpfâhen im ein rîche und kam wider›. Unser herre lêret uns in disen worten, wie edel der mensche geschaffen ist in sîner natûre und wie götlich daz ist, dâ er zuo komen mac von gnâden und ouch, wie daz der mensche dar zuo komen sol. Ouch ist in disen worten gerüeret ein grôz teil der heiligen geschrift.

Man sol ze dem êrsten wizzen und ist ouch wol offenbâr, daz der mensche hât in im zweierhande natûre: lîp und geist. Dar umbe sprichet ein geschrift: swer sich selben bekennet, der bekennet alle crêatûren, wan alle crêatûren sint eintweder lîp oder geist. Dar umbe sprichet diu geschrift von dem menschlîchen, daz in uns ist ein mensche ûzerlich und ein ander mensche innerlich. Ze dem ûzerlîchen menschen hœret allez, daz der sêle anehaftende ist, begriffen und vermischet mit dem vleische, und hât ein gemeine werk mit einem und in einem ieglîchen gelide lîphafticlîche als daz ouge, daz ôre, diu zunge, diu hant und des glîche. Und daz nemmet diu geschrift allez den alten menschen, den irdischen menschen, den ûzern menschen, den vîentlîchen menschen, einen dienstlîchen menschen.

Der ander mensche, der in uns ist, daz ist der inner mensche, den heizet diu geschrift einen niuwen menschen, einen himelschen menschen, einen jungen menschen, einen vriunt und einen edeln menschen. Und daz ist, daz unser herre sprichet, daz ‹ein edel mensche vuor ûz in ein verrez lant und enpfienc im ein rîche und kam wider›.

Noch sol man wizzen, daz sanctus Jeronimus sprichet und ouch die meister sprechent gemeinlîche, daz ein ieglich mensche von dem, daz er mensche ist, hât einen guoten geist, einen engel, und einen bœsen geist, einen tiuvel. Der guote engel rætet und âne underlâz neiget er <ûf> daz guot

Unser Herr spricht im Evangelium: «Ein edler Mensch reiste ab in ein fernes Land, ein Königreich zu gewinnen, und kam zurück.» Mit diesen Worten belehrt uns der Herr darüber, wie edel der Mensch seiner Natur nach erschaffen und wie göttlich das ist, was er durch Gnade erreichen kann. Außerdem zeigt er den Weg, *wie* der Mensch dahin kommen soll. Er rührt damit auch an ein Hauptthema der Heiligen Schrift.

Als erstes muß man wissen, was ja auch offen auf der Hand liegt: Der Mensch hat zwei verschiedene Naturen in sich, Leib und Geist. Darum behauptet ein Buch: Wer sich selbst kennt, kennt alle Kreaturen, denn alle Kreaturen sind entweder Leib oder Geist. Daher sagt die Bibel vom Menschsein, in uns gebe es den äußeren Menschen und den anderen, den inneren Menschen. Zum äußeren Menschen gehört alles, was von der Seele abhängt, aber umschlossen ist von Fleisch und vermischt mit ihm, alles, was mit und in einem körperlichen Organ wirkt, zum Beispiel mit Auge, Ohr, Hand oder dergleichen. Dies nennt die Schrift insgesamt den alten Menschen, den irdischen Menschen, den äußeren Menschen, den feindlichen Menschen, den zur Knechtschaft bestimmten Menschen.

Der andere Mensch, der in uns ist, das ist der innere Mensch. Die Schrift nennt ihn den neuen Menschen, den himmlischen und den jungen Menschen, einen Freund und edlen Menschen. Und der ist gemeint, wenn unser Herr sagt: «Ein edler Mensch reiste ab in ein fernes Land, erwarb ein Königreich und kam zurück.»

Man muß ferner wissen, was der heilige Hieronymus sagt und was die Meister übereinstimmend lehren: Jeder Mensch hat von Anfang an einen guten Geist, einen Engel bekommen, aber auch einen bösen Geist, einen Teufel. Der gute Engel rät und macht immer zum Guten geneigt, zu dem,

ist, daz götlich ist, daz tugent und himelschlich ist und êwic ist. Der bœse geist rætet und neiget alle zît den menschen ûf das zîtlich und zergenclich ist und waz untugent ist, bœse und tiuvelisch. Der selbe bœse geist hât alle zît sîn kôsen mit dem ûzern menschen, und durch in lâget er heimlîche alle zît des innern menschen, rehte als der slange hâte sîn kôsen mit vrou Êven und durch sie mit dem manne Âdam kôsete. Der inner mensche daz ist Âdam. Der man in der sêle daz ist der guote boum, der alles âne underlâz bringet guote vruht, von dem ouch unser herre sprichet. Ez ist ouch der acker, dar în got sîn bilde und sîn glîchnisse hât îngesæjet und sæjet den guoten sâmen, die wurzel aller wîsheit, aller künste, aller tugende, aller güete: sâmen götlîcher natûre. Götlîcher natûre sâme der ist gotes sun, gotes wort.

Der ûzer mensche der ist der vîentlich mensche und der bœse, der unkrût hât dar ûf gesæjet und geworfen. Von dem sprichet sant Paulus: ich vinde in mir, daz mich hindert und dem wider ist, daz got gebiutet und daz got rætet und daz got hât gesprochen und noch sprichet in dem hœhsten, in dem grunde mîner sêle. Und anderswâ sprichet er und klaget: ‹owê mir unsæligen menschen ! wer lœset mich von disem tœtlîchen vleische und lîbe ?› Und er sprichet ouch anderswâ, daz des menschen geist und sîn vleisch alle zît wider einander strîtent. Daz vleisch rætet untugent und bôsheit; der geist rætet minne gotes, vröude, vride und alle tugent. Der dâ volget und lebet nâch dem geiste, nâch sînem râte, der gehœret ze dem êwigen lebene. Der inner mensche ist der, von dem unser herre sprichet, daz ‹ein edel mensche vuor ûz in ein verrez lant enpfâhen im ein rîche›. Daz ist der guote boum, von dem unser herre sprichet, daz er alle zît bringet guote vruht und niemer bœse, wan er wil güete und neiget in güete, in güete in ir selber swebende, unberüeret von diz und von daz. Der ûzer mensche ist der bœse boum, der niemer enmac guote vruht bringen.

was göttlich, was Tugend und himmlisch und ewig ist. Der böse Geist rät immer zum Zeitlichen; er macht den Menschen zum Vergänglichen geneigt, zur Untugend, zu dem, was böse und teuflisch ist. Dieser böse Geist bleibt ständig in Unterhaltung mit dem äußeren Menschen und stellt durch ihn immer heimlich dem inneren Menschen nach, ganz so wie die Schlange mit Frau Eva plauderte und durch sie mit dem Mann Adam. Der innere Mensch, das ist Adam. Der Mann in der Seele, das ist der gute Baum, der immer ohne Unterlaß gute Frucht bringt und von dem auch unser Herr spricht. Er ist auch der Acker, in den Gott sein Bild und Gleichnis eingesät hat. In ihn sät er den guten Samen, die Wurzel aller Weisheit, aller Künste, aller Tugenden und aller Güte, den Samen göttlicher Natur. Der Same göttlicher Natur – das ist Gottes Sohn. Gottes Wort.

Der äußere Mensch, das ist der feindliche und böse Mensch, der auf diesen Acker Unkraut gesät und ausgestreut hat. Von dem sagt der heilige Paulus: Ich finde etwas in mir, das mich hindert und das sich dem entgegenstellt, was Gott gebietet, wozu Gott rät und was Gott im Höchsten, im Grund meiner Seele gesprochen hat und noch spricht. An anderer Stelle ruft er klagend aus: «O weh, ich unglücklicher Mensch! Wer befreit mich von diesem todbringenden Fleisch und Leib?» Und wieder an einer anderen Stelle sagt er, daß der Geist des Menschen und sein Fleisch immer miteinander kämpfen. Das Fleisch rät zu Laster und Bosheit; der Geist rät Liebe Gottes, Freude, Frieden und alle Tugenden. Wer dem folgt und nach dem Geist und seinem Rat lebt, der steht auf der Seite des ewigen Lebens. Der innere Mensch, das ist der, von dem unser Herr sagt: «Ein edler Mensch reiste ab in ein fernes Land, ein Königreich zu gewinnen». Er ist der gute Baum, von dem unser Herr sagt, daß er immer gute Frucht bringt und niemals schlechte, denn er will das Gutsein. Er liebt das Gutsein, das in sich selbst erhaben steht, unabhängig von jedem Dies und Das.

Von adel des innern menschen, des geistes, und von untiuricheit des ûzern menschen, des vleisches, sprechent ouch heidenische meister, Tullius und Senecâ, daz enkein redelich sêle enist sunder got; sâme gotes ist in uns. Hæte er einen guoten, wîsen und vlîzigen werkman, sô betrüejete er dester baz und wüehse ûf ze gote, des sâme er ist, und würde diu vruht glîch ein natûre gotes. Birboumes sâme wehset ze birboume, nuzboumes sâme in nuzboum, sâme gotes in got. Ist aber, daz der guote sâme hât einen tumben und einen boesen werkman, sô wehset unkrût und bedecket und verdringet den guoten sâmen, daz er niht ûzliuhtet noch ûzwahsen enmac. Doch sprichet Origenes, ein grôz meister: wan got selber disen sâmen îngesæjet und îngedrücket und îngeborn hât, sô mac er wol bedecket werden und verborgen und doch niemer vertilget noch in im verleschet; er glüejet und glenzet, liuhtet und brinnet und neiget sich âne underlâz ze gote.

Der êrste grât des innern und des niuwen menschen, sprichet sant Augustînus, ist, sô der mensche lebet nâch dem bilde guoter und heiliger liute und aber noch gât an den stüelen und heltet sich nâhe bî den wenden, labet sich noch mit milche.

Der ander grât ist, sô er iezent anesihet niht aleine die ûzerlîchen bilde, ouch guote liute, sunder er löufet und îlet ze lêre und ze râte gotes und götlîcher wîsheit, kêret den rücke der menscheit und daz antlitze ze gote, kriuchet der muoter ûz der schôz und lachet den himelschen vater ane.

Der dritte grât ist, sô der mensche mê und mê sich der muoter enziuhet und er ir schôz verrer und verrer ist, entvliuhet der sorge, wirfet abe die vorhte, als, ob er möhte sunder ergerunge aller liute übel und unreht tuon, es enluste in doch niht; wan er ist mit minne gebunden alsô mit

Der äußere Mensch, das ist der schlechte Baum, der niemals gute Frucht bringen kann.

Auch heidnische Meister wie Cicero und Seneca reden vom Adel des inneren Menschen, des Geistes und vom Unwert des äußeren Menschen, des Fleisches. Sie lehren: *Keine vernunftbegabte Seele ist ohne Gott; der Same Gottes liegt in uns. Mit einem guten, weisen und fleißigen Gärtner gediehe er immer besser. Er wüchse auf zu Gott, dessen Same er ist. Die Frucht wird dem Wesen Gottes gleich. Der Same des Birnbaums wird zum Birnbaum, der des Nußbaums zum Nußbaum, der Same Gottes wird Gott.*[18] Bekommt der gute Samen aber einen dummen und bösen Gärtner, dann wächst Unkraut, das den guten Samen überlagert und verdrängt, so daß er nicht ans Licht kommen und sich auswachsen kann. Doch Origenes, ein großer Meister, sagt: Da Gott selbst diesen Samen hineingesät, hineingedrückt und hineingeboren hat, kann er zwar verdeckt und versteckt werden, aber niemals vernichtet und in sich ausgelöscht. Er glüht und glänzt, er strahlt und brennt. Er strebt ohne Unterlaß nach Gott.

Die erste Stufe des inneren und neuen Menschen, sagt der heilige Augustinus, ist die: Der Mensch lebt nach dem Vorbild guter und heiliger Menschen. Wie ein Kind geht er den Stühlen entlang, hält sich nahe den Wänden und nährt sich von Milch.

Die nächste Stufe: Jetzt sieht er nicht nur äußere Vorbilder und gute Menschen, sondern läuft und eilt der Lehre, dem Rat und der Weisheit Gottes entgegen. Der Menschheit kehrt er den Rücken und wendet Gott sein Gesicht zu. Er kriecht weg vom Schoß der Mutter und lacht dem himmlischen Vater zu.

Die dritte Stufe: Der Mensch entzieht sich immer mehr der Mutter. Er entfernt sich immer weiter von ihrem Schoß. Er entflieht ihrer Fürsorge und wirft die Angst ab. Er könnte schlecht handeln und Unrecht tun, ohne bei allen Leuten Skandal auszulösen, aber er hat keine Lust danach. Denn ein

guotem vlîze mit gote, unz er in gesetzet und in gewîset in vröude und in süezicheit und sælicheit, dâ im unmære ist allez daz, daz dem unglîch ist und vremde.

Der vierde grât ist, sô er mê und mê zuonimet und gewurzelt wirt in der minne und in gote, alsô daz er bereit ist ze enpfâhenne alle anevehtunge, bekorunge, widermüete und leit lîden williclîche und gerne, begirlîche und vrœlîche.

Der fünfte grât ist, sô er lebet allenthalben sîn selbes in vride, stille ruowende in rîcheit und in übernutze der obersten unsprechelîcher wîsheit.

Der sehste grât ist, sô der mensche ist entbildet und überbildet von gotes êwicheit und komen ist in ganze volkomen vergezzenlicheit zerganclîches und zîtliches lebens und gezogen ist und übergewandelt in ein götlich bilde, gotes kint worden ist. Vürbaz noch hœher enist enkein grât, und dâ ist êwigiu ruowe und sælicheit, wan daz ende des innern menschen und des niuwen menschen ist êwic leben.

Von disem innern edeln menschen, dâ gotes sâme und gotes bilde îngedrücket und îngesæjet ist, wie der sâme und daz bilde götlîcher natûre und götlîches wesens, gotes sun, erschîne und man sîn gewar werde und ouch etwenne verborgen werde, sprichet der grôze meister Origenes ein glîchnisse, daz gotes bilde, gotes sun, ist in der sêle grunde als ein lebender brunne. Der aber erde, daz ist irdische begerunge dar ûf wirfet, daz hindert und bedecket, daz man sîn niht erkennet noch gewar wirt; doch blîbet er in im selben lebende, und sô man die erde, diu von ûzwendic oben dar ûf geworfen ist, abenimet, sô erschînet er und wirt man sîn gewar. Und sprichet, daz disiu wârheit bezeichent ist in dem êrsten buoche Moisi, dâ geschriben ist, daz Abraham hâte gegraben in sînem acker lebende brunnen und übeltætige liute vulten sie mit erden; und dar nâch, dô diu erde wart ûzgeworfen, dô erschinen die brunnen lebende.

Band der Liebe und guten Eifers bindet ihn an Gott, und Gott versetzt ihn in Freude, Wohlsein und Glück; er hält ihn darin, wo ihm alles zuwider ist, was Gott ungleich und fremd ist.

Die vierte Stufe: Er wächst auf und wird immer tiefer eingewurzelt in der Liebe und in Gott, so daß er bereit ist, alle Anfeindung und Versuchung, allen Widerstand und alles Leid willig und gern, begierig und freudig auf sich zu nehmen.

Die fünfte Stufe: Er lebt ganz gesammelt in sich selbst, im Frieden. Er ruht still im Reichtum und Überströmen der höchsten und unsagbaren Weisheit.

Die sechste Stufe: Der Mensch ist entbildet von sich und überbildet von Gottes Ewigkeit. Er hat das vollkommene Vergessen des vergehenden zeitlichen Lebens erreicht. Er ist hinaufgezogen und hinüberverwandelt in ein göttliches Bild. Er ist Kind Gottes geworden. Weiter hinauf gibt es keine höhere Stufe, denn hier ist ewige Ruhe und Glück. Denn das letzte Ziel des inneren, des neuen Menschen ist das ewige Leben.

Über diesen inneren edlen Menschen, in den das Bild und der Same Gottes hineingepflanzt ist, und wie dieser Same und dieses Bild des göttlichen Wesens, Gottes Sohn, zum Vorschein kommt und wie wir es gewahr werden, darüber bringt der große Meister Origenes einen Vergleich: Das Bild Gottes, der Sohn Gottes, liegt im Grund der Seele wie ein lebendiger Brunnen. Wirft aber jemand Erde – damit meine ich: irdisches Verlangen – darauf, dann hindert und verdeckt es ihn, so daß man ihn nicht mehr erkennt und nichts bemerkt. Trotzdem bleibt er in sich lebendig. Nimmt man die Erde weg, die von außen obendrauf geworfen ist, dann kommt er wieder zum Vorschein und man nimmt ihn wahr. Origenes sagt, diese Wahrheit sei im ersten Buch Moses angedeutet, wo steht, daß Abraham in seinem Acker Brunnen lebendigen Wassers gegraben hatte, daß aber Übeltäter sie mit Erde gefüllt haben. Doch als danach die

Noch ist des wol ein ander glîchnisse: diu sunne schînet âne underlâz; doch, sô ein wolke oder nebel zwischen uns und der sunne ist, sô enwerden wir des schînes niht gewar. Und ouch, sô daz ouge in im selber krank ist und siech oder bedecket ist, sô ist im der schîn unbekant. Ouch hân ich etwenne ein offenbâr glîchnisse gesprochen: sô ein meister bilde machet von einem holze oder von einem steine, er entreget daz bilde in daz holz niht, mêr er snîdet abe die spæne, die daz bilde verborgen und bedecket hâten; er engibet dem holze niht, sunder er benimet im und grebet ûz die decke und nimet abe den rost, und denne sô glenzet, daz dar under verborgen lac. Diz ist der schaz, der verborgen lac in dem acker, als unser herre sprichet in dem êwangeliô.

Sant Augustînus sprichet: sô des menschen sêle sich zemâle ûfkêret in die êwicheit in got aleine, sô schînet und liuhtet daz bilde gotes; swenne aber diu sêle sich kêret ûzwert, joch in die tugende ûzerlîcher üebunge, sô wirt alzemâle diz bilde bedecket. Und daz meinet, daz die vrouwen daz houbet bedecket hânt und die mannesnamen blôz nâch sant Paulus lêre. Und dar umbe: allez, daz sich der sêle niderkêret, daz nimet des selben, in daz ez sich kêret, ein decke, ein houbettouch; daz sich aber ûftreget der sêle, daz ist blôz gotes bilde, gotes geburt, unbedecket blôz in blôzer sêle. Von dem edeln menschen, wie gotes bilde, gotes sun, sâme götlîcher natûre in uns niemer vertilget wirt, aleine er bedecket werde, sprichet künic Dâvît in dem salter: aleine valle in den menschen manigerleie îtelkeit, lîden und jâmerkeit, nochdenne blîbet er in dem bilde gotes und daz bilde in im. Daz gewære lieht liuhtet in der vinsternisse, aleine man des niht gewar enwerde.

Erde herausgeworfen war, da kamen die lebendigen Wasser wieder zum Vorschein.

Dafür gibt es noch einen anderen Vergleich: Die Sonne scheint ohne Unterlaß, tritt aber eine Wolke oder Nebel zwischen die Sonne und uns, dann nehmen wir ihr Scheinen nicht wahr. Genau so, wenn das Auge in sich schwach oder krank oder verdeckt ist, dann erkennt es den Sonnenschein nicht. Ich selbst habe öfter einen Vergleich vorgetragen, der auf der Hand liegt: Macht ein Künstler eine Statue aus Holz oder Stein, dann bringt er nicht das Bild in das Holz hinein, sondern er schneidet die Späne ab, die das Bild verborgen und verdeckt hatten. Er gibt dem Holz nichts, sondern er nimmt ihm etwas. Er entfernt das Äußere, er macht den Rost verschwinden, und dann glänzt auf, was darunter verborgen lag. Dies ist der Schatz, der im Acker verborgen lag und von dem unser Herr im Evangelium spricht.

Der heilige Augustinus sagt: Wendet die Seele des Menschen sich vollständig hinauf zur Ewigkeit, zu Gott allein, dann scheint das Bild Gottes auf und leuchtet; wendet sie sich aber nach außen, und sei es in einem äußeren Werk der Tugend, dann wird das Bild vollständig verdeckt. Das bedeutet es, wenn nach der Lehre des heiligen Paulus die Frauen den Kopf bedeckt haben, die Männer aber unbedeckt bleiben. Daher bekommt alles, was sich in der Seele nach unten wendet, eine Decke, ein Kopftuch von dem, wohin es sich wendet. Aber was sich in der Seele zu Gott erhebt, das ist das nackte Bild Gottes, Gottes Geburt, unbedeckt nackt in nackter Seele. Vom edlen Menschen und davon, daß Gottes Bild, Gottes Sohn, der Same göttlicher Natur nie in uns vernichtet wird, selbst wenn er verdeckt werden kann, sagt König David im Psalter: Zwar befällt den Menschen mancherlei Nichtiges, Leiden und Elend, aber er bleibt im Bild Gottes, und das Bild Gottes bleibt in ihm. Das wahre Licht leuchtet in der Finsternis, auch wenn man es nicht bemerkt.

‹Niht enahtet›, meinet daz bouch der minne, ‹daz ich brûn bin, ich bin doch schœne und wol gestalt; aber diu sunne hât mich entverwet›. Diu sunne ist daz lieht dirre werlt und meinet, daz daz hœhste und daz beste, daz geschaffen und gemachet ist, decket und entverwet daz bilde gotes in uns. ‹Nemet abe›, sprichet Salomôn, ‹den rost von dem silber, sô liuhtet und glenzet ûz daz aller lûterste vaz›, daz bilde, gotes sun, in der sêle. Und daz ist, daz unser herre meinet an disen worten, dâ er sprichet, daz ‹ein edel mensche vuor ûz›, wan der mensche muoz aller bilde und sîn selbes ûzgân und dem allem gar verre und gar unglîch werden, jâ, ob er wil und sol den sun nemen und sun werden in des vaters schôz und herzen.

Allerleie mittel ist gote vremde. ‹Ich bin›, sprichet got, ‹der êrste und der jungeste›. Underscheit enist noch in der natûre gotes noch in den persônen nâch der natûre einicheit. Diu götlîche natûre ist ein, und ieglîchiu persône ist ouch ein und ist daz selbe ein, daz diu natûre ist. Underscheit in wesene und in wesunge wirt genomen ein und ist ein. Dâ ez niht inne enist, dâ nimet ez und hât und gibet underscheit. Dar umbe: in dem einen vindet man got, und ein muoz er werden, der got vinden sol. ‹Ein mensche›, sprichet unser herre, ‹gienc ûz›. In underscheide envindet man noch ein noch wesen noch got noch rast noch sælicheit noch genüegede. Bis ein, daz dû got mügest vinden ! Und wærlîche, wærest dû rehte ein, sô blibest dû ouch ein in underscheide und underscheit würde dir ein und enmöhte dich iezent nihtes niht hindern. Ein blîbet glîche ein in tûsentwarbe tûsent steinen als in vier steinen, und tûsentwarbe tûsent ist als wærlîche ein simpel zal, als vieriu ein zal ist.

Ez sprichet ein heidenischer meister, daz daz ein ist geborn ûz dem obersten gote. Sîn eigenschaft ist wesen ein

Im Hohen Lied heißt es: «Achtet nicht darauf: Zwar bin ich braun, aber dennoch schön und gut gebaut, doch die Sonne hat mich braun gebrannt.» Die Sonne ist das Licht dieser Welt, und das bedeutet: Selbst das Höchste und Beste, das geschaffen und gemacht ist, verdeckt und verfärbt das Bild Gottes in uns. Salomo sagt: «Entfernt den Rost vom Silber, dann leuchtet und glänzt hervor das reinste Gefäß», das Bild, Gottes Sohn in der Seele. Und das meint der Herr mit den Worten: «Ein edler Mensch reiste ab in ein fernes Land.» Denn der Mensch muß aus allen Bildern und aus sich selbst herausgehen, er muß allen Dingen völlig fremd und unähnlich werden, will und soll er wirklich den Sohn aufnehmen und Sohn werden im Schoß und im Herzen des Vaters.

Alle Mittelstufen sind Gott fremd. Gott sagt: «Ich bin der Erste und der Letzte». *Keinerlei Unterschied existiert – weder im Wesen Gottes noch zwischen den göttlichen Personen. Das göttliche Wesen ist eines, auch jede Person ist eins und ist dasselbe Eine wie das Wesen.*[19] Der Unterschied von Dasein und Wesen wird als Einheit begriffen; er ist auch eins. Erst wenn das Eine aufhört, in sich selbst zu sein, da bekommt es Unterschied, da hat es ihn und gibt ihn weiter. Darum findet man Gott im Einen, und wer Gott finden will, muß selbst eins werden. «*Ein* edler Mensch», sagt unser Herr, «reiste ab». Im Unterschied findet man nämlich weder das Eine noch das Sein noch Gott, weder Ruhe noch Glück noch Genügen. Sei eins, damit du Gott finden kannst! Und wahrhaftig, wärest du wirklich eins, dann bliebest du eins auch mitten im Unterschied. Der Unterschied würde für dich das Eine und könnte dich in nichts mehr hindern. Das Eine bleibt in tausendmal tausend Steinen genau so Eines wie in vier Steinen, und tausend mal tausend ist eine ebenso einfache Zahl wie die Zahl Vier.

Ein heidnischer Meister sagt: Das Eine ist aus dem obersten Gott geboren.

mit einem. Swer ez suochet under gote, der triuget sich selber.

Ouch sprichet der selbe meister ze dem vierden mâle, daz diz ein mit nihte eigenlîcher vriuntschaft enhât dan mit juncvrouwen oder megeden, als sant Paulus sprichet: ich hân iuch kiuschen juncvrouwen getriuwet und gelobet dem einen. Und alsô solte der mensche wesen, wan alsô sprichet unser herre: ‹ein mensche gienc ûz›.

Mensche in der eigenschaft sînes namen in dem latîne meinet in einer wîse den, der sich alzemâle under got neiget und vüeget, allez, daz er ist und daz sîn ist, und ûfwert got aneschouwet, niht daz sîn, daz er hinder im, nider im, bî im weiz. Daz ist volliu und eigeniu dêmüeticheit; den namen hât er von der erden. Dar abe ich nû niht mê sprechen wil. Ouch meinet daz wort, sô man sprichet mensche, etwaz, daz über natûre ist, über zît ist und über allez daz, daz ze der zît [ist] geneiget oder nâch zît smacket, und daz selbe spriche ich ouch von stat und von lîphafticheit. Noch vürbaz enhât der mensche in einer wîse mit nihte niht gemeine, daz ist, daz er nâch disem noch nâch dem niht gebildet noch gelîchet sî und von nihte niht enwizze, daz man in im niergen des nihtes niht envinde noch gewar werde und daz im daz niht alsô gar benomen sî, daz man dâ aleine vinde blôz leben, wesen, wârheit und güete. Wer alsô getân ist, der ist ‹ein edel mensche›, jâ minner noch mê.

Noch ist ein ander wîse und lêre, waz unser herre heizet einen edeln menschen. Man sol ouch wizzen, daz, die got blôz bekennent, die bekennent ouch mit im die crêatûre; wan bekantnisse ist ein lieht der sêle, und alle menschen begernt von natûre bekantnisse, wan joch bœser dinge bekantnisse ist guot. Nû sprechent die meister, daz, sô man beken-

Seine Eigenart ist, eins zu sein mit dem Einen.

Wer dieses Eine unterhalb Gottes sucht, betrügt sich selbst.

Derselbe Meister sagt dann viertens: Dieses Eine hat wirkliche Freundschaft nur mit Jungfrauen oder jungen Mädchen. Daher sagt der heilige Paulus: «Ich habe euch dem Einen anvertraut und verlobt, euch als keusche Jungfrauen.» Ganz so sollte der Mensch eins sein, denn unser Herr sagt: «Ein Mensch reiste ab.»

«Mensch». Die eigentliche Bedeutung dieses Namens im Lateinischen bedeutet zumindest in einem Sinne: Der, der sich mit allem, was er ist und was ihm gehört, unter Gott beugt und einfügt, der Gott, nicht das Seine anschaut, das er hinter, unter und neben sich weiß, sondern nach oben zu Gott schaut. Das ist vollkommene und wahre Demut. Diesen Namen «Mensch» (homo) bekommt er von der Erde (humus). Doch davon will ich jetzt nicht weiter sprechen. Denn der Name «Mensch» bedeutet auch etwas, das erhaben ist über Natur und Zeit und über alles, was der Zeit zugewandt ist und nach Zeit schmeckt. Das gleiche behaupte ich auch von Raum und Körperlichkeit. Ferner hat «der Mensch» in einer Hinsicht mit nichts etwas gemein. Das heißt: Er ist nicht nach Diesem oder Jenem gebildet oder ihm angeglichen. Er weiß nichts vom Nichts, und das alles so sehr, daß man nirgendwo in ihm vom Nichts etwas findet oder bemerkt. Das Nichts ist von ihm ganz weggenommen, und man findet da nichts als das reine Leben, als Sein, Wahrheit und Gutsein. Wer von dieser Art ist, ist ein «edler Mensch», wahrhaftig, nicht weniger und nicht mehr.

Was unser Herr einen «edlen Menschen» nennt, dafür gibt es noch eine weitere Hinsicht und Erklärung. Man muß nämlich wissen: Diejenigen, die Gott unverhüllt erkennen, erkennen mit ihm zugleich die Geschöpfe. Denn Erkenntnis ist das Licht der Seele, und Menschen verlangen von Natur aus nach Erkenntnis, denn selbst die Erkenntnis

net die crêatûre in ir selber, daz heizet ein âbentbekantnisse, und dâ sihet man die crêatûre in bilden etlîcher underscheide; sô man aber die crêatûre in gote bekennet, daz heizet und ist ein morgenbekantnisse, und alsô schouwet man die crêatûre âne alle underscheide und aller bilde entbildet und aller glîcheit entglîchet in dem einen, daz got selber ist. Diz ist ouch der edel mensche, von dem unser herre sprichet: ‹ein edel mensche gienc ûz›, dar umbe edel, daz er ist ein und daz er bekennet got und crêatûre in einem.

Noch wil ich sprechen und rüeren einen andern sin, waz der ‹edel mensche› sî. Ich spriche: sô der mensche, diu sêle, der geist schouwet got, sô weiz er ouch und bekennet sich bekennende, daz ist: er bekennet, daz er schouwet und bekennet got. Nû hât gedunket etlîche liute und schînet gar gelouplich, daz bluome und kerne der sælicheit lige in bekantnisse, dâ der geist bekennet, daz er got bekennet; wan, daz ich alle wunne hæte und ich des niht enwiste, waz hülfe mich daz und waz wunne wære mir daz? Doch enspriche ich sicherlîche des niht. Aleine ist daz wâr, daz diu sêle âne daz doch niht sælic wære, doch enliget diu sælicheit dar ane niht; wan daz êrste, dâ sælicheit ane geliget, daz ist, sô diu sêle schouwet got blôz. Dâ nimet si allez ir wesen und ir leben und schepfet allez, daz si ist, von dem grunde gotes und enweiz von wizzenne niht noch von minne noch von nihte alzemâle. Si gestillet ganze und aleine in dem wesene gotes, si enweiz niht dan wesen dâ und got. Sô si aber weiz und bekennet, daz si got schouwet, bekennet und minnet, daz ist ein ûzslac und ein widerslac ûf daz êrste nâch natiurlîcher ordenunge; wan nieman bekennet, sich wîzen wan der ouch wîz ist. Dar umbe, der sich bekennet wîzen, der bûwet und ist ûftragende ûf wîz-wesenne, und er nimet niht sîn bekennen sunder mittel und unwizzende noch von der varwe; sunder *er* nimet ir bekennen und ir wizzen von dem, daz

böser Dinge ist gut. Nun behaupten die Meister: Erkennt man die Geschöpfe in ihnen selbst, dann heißt das eine «Abenderkenntnis». Dabei sieht man die Geschöpfe in Bildern mit vielen Unterschieden. Erkennt man aber die Geschöpfe in Gott, so heißt das eine «Morgenerkenntnis». Dabei sieht man die Geschöpfe ohne jeden Unterschied; man sieht sie in dem Einen, das Gott selbst ist, allen Bildern entbildet, allem Ähnlichen entähnlicht. Auch das ist der edle Mensch, von dem unser Herr sagt: «Ein edler Mensch reiste ab.» Er heißt «edel», weil er eins ist und die Einheit von Gott und Geschöpfen erkennt.

Ich will vom edlen Menschen einen anderen Aspekt erwähnen und erörtern. Schaut der Mensch – also die Seele oder der Geist – Gott, so weiß er sich und erkennt sich als erkennend. Das heißt: Er erkennt, daß er Gott schaut und erkennt. Einige Leute haben sich vorgestellt, Blume und Kern der Seligkeit bestehe in der Erkenntnis, mit welcher der Geist erkennt, *daß* er Gott erkennt. Das erscheint zunächst auch recht glaubhaft, denn besäße ich alle Freuden der Welt, wüßte es aber nicht, was hätte ich davon? Was wäre das für eine Freude? Und doch bin ich mir sicher, daß es nicht so ist. Zwar ist es wahr, daß die Seele ohne das nicht glücklich sein kann, und dennoch besteht die Seligkeit nicht darin. Denn das erste, worin die Seligkeit besteht, ist, daß die Seele Gott hüllenlos sieht. Dabei nimmt sie ihr ganzes Wesen und ihr Leben entgegen. Sie schöpft ihr ganzes Sein aus dem Grund Gottes; sie weiß nichts von Wissen und von Liebe; sie weiß von überhaupt nichts irgend etwas. Sie ist ganz und ausschließlich im Sein Gottes zur Ruhe gekommen. Sie weiß da nichts als das Sein und Gott. Wird sie sich dessen aber bewußt und erkennt, daß sie Gott sieht, ihn erkennt und liebt, so ist das zunächst ein Heraustreten und dann erst ein Zurückgehen zu dem, was der natürlichen Ordnung nach das Erste ist. Denn niemand, der nicht tatsächlich weiß ist, erkennt sich als weiß. Also baut der, der

iezent wîz ist, und enschepfet niht bekennen von der varwe aleine in ir selber, mê *er* schepfet bekennen und wizzen von geverwetem oder von wîzem und bekennet sich wîzen. Wîz ist vil minner und vil ûzerlîcher dan wîz-wesen. Ez ist vil anderz diu want und daz fundament, dar ûf diu want gebûwen ist.

Die meister sprechent, daz ein ander kraft ist, dâ von daz ouge sihet, und ein ander kraft, dâ von ez bekennet, daz ez sihet. Daz êrste, daz ez sihet, daz nimet ez alemâle von der varwe, niht von dem, daz geverwet ist. Her umbe ist daz al ein, ob daz, daz geverwet ist, ein stein sî oder ein holz, ein mensche oder ein engel: daz ez aleine varwe habe, dâ liget allez sîn wesen ane.

Alsô spriche ich, daz der edel mensche nimet und schepfet allez sîn wesen, leben und sælicheit von gote, an gote und in gote blôz aleine, niht von got bekennenne, schouwenne oder minnenne oder swaz dem glîch ist. Dar umbe sprichet unser herre herziclîche wol, daz daz êwic leben ist: bekennen got aleine einen wâren got, niht: bekennen, daz man got bekennet. Wie solte der mensche bekennen sich got bekennende, der sich selben niht enbekennet? Wan sicherlîche, der mensche der bekennet sich selben und anderiu dinc zemâle niht dan got aleine, jâ, in dem, dâ er sælic wirt und sælic ist: in der wurzeln und in dem grunde der sælicheit. Sô aber diu sêle bekennet, daz si got bekennet, sô bekennet si von gote und sich.

Und nû ist ein ander kraft, alsô ich dâ von hân gesprochen, von der mensche sihet, und ein ander kraft ist, von der er weiz und bekennet, daz er sihet. Wâr ist daz, daz nû hie in

sich als weiß erkennt, auf das Weiß-Sein auf und fügt etwas hinzu. Er zieht nicht etwa sein Erkennen unmittelbar und noch ohne etwas zu wissen aus der Farbe an sich, sondern er zieht seine Erkenntnis und sein Wissen von Farbe und Weißsein aus Gegenständen um ihn herum, die weiß sind. Er zieht sein Wissen nicht aus der Farbe allein und für sich genommen, sondern zieht seine Erkenntnis aus dem, was farbig oder weiß ist. Nur so erkennt er sich als weiß. Aber «weiß» ist etwas viel Geringeres und Äußerlicheres als Weißsein. Eine Wand ist ja auch etwas ganz anderes als das Fundament, auf das sie gebaut ist.

Die Meister lehren, die Kraft, mit der das Auge sieht, sei verschieden von der Kraft, durch die es erkennt, daß es sieht. Die erste Tatsache, nämlich daß es sieht, nimmt das Auge schlicht und ausschließlich vom Farbigsein, nicht vom gefärbten Gegenstand, sei er Stein oder Holz, Mensch oder Engel. Das einzig Wesentliche ist: Er hat Farbe.

In diesem Sinn behaupte ich: Der edle Mensch nimmt und schöpft sein ganzes Sein, Leben und Seligkeit ausschließlich von Gott, bei Gott und in Gott. Nicht aus seinem Erkennen, Sehen oder Lieben Gottes oder dergleichen. Daher sagt unser Herr ganz richtig, dies sei das ewige Leben: Gott allein als den einen und wahren Gott zu erkennen, nicht aber: zu erkennen, daß man Gott erkennt. Wie könnte denn auch der Mensch erkennen, daß er Gott erkennt, ohne sich selbst dabei zu erkennen? Denn sicher ist: Wird der Mensch selig und wird er es bis in die Wurzel und den Grund der Seligkeit, dann erkennt der Mensch nicht sich selbst oder andere Dinge, sondern Gott allein. Sobald aber die Seele erkennt, daß sie Gott erkennt, dann erkennt sie zweierlei: Gott und sich selbst.

Nun ist aber die Kraft, mit der der Mensch sieht, wie ich soeben erklärt habe, verschieden von der Kraft, durch die er weiß und erkennt, daß er sieht. Es ist zwar wahr: Jetzt und

uns diu kraft edeler und hœher ist, von der wir wizzen und bekennen, daz wir sehen, dan diu kraft, von der wir sehen; wan diu natûre beginnet irs werkes an dem krenkesten, aber got der beginnet sîner werke an dem volkomensten. Natûre machet den man von dem kinde und daz huon von dem eie, aber got machet den man vor dem kinde und daz huon vor dem eie. Natûre machet daz holz ze dem êrsten warm und hitzic, und dar nâch sô machet si daz wesen des viures; aber got gibet ze dem êrsten daz wesen aller crêatûre und dar nâch in der zît und doch sunder zît und sunder allez daz, daz dar zuo gehœret. Ouch gibet got den heiligen geist ê dan die gâben des heiligen geistes.

Alsô spriche ich, daz sælicheit enist âne daz niht, der mensche enbekenne und wizze wol, daz er got schouwet und bekennet, doch enwelle got des niht, daz mîn sælicheit dar ane lige ! Dem anders genüeget, der habe ez im selber, doch erbarmet es mich. Hitze des viures und wesen des viures sint gar unglîch und wunderlîche verre von einander in der natûre, aleine sie gar nâhe sint nâch der zît und nâch der stat. Gotes schouwen und unser schouwen ist zemâle verre und unglîch einander.

Dar umbe sprichet unser herre gar wol, daz ‹ein edel mensche vuor ûz in ein verrez lant enpfâhen im ein rîche und wider kam›. Wan der mensche muoz in im selber ein sîn und muoz daz suochen in im und in einem und nemen in einem: daz ist schouwen got aleine; und herwider komen daz ist wizzen und bekennen, daz man got bekennet und weiz. Und alle dise rede hât vorgesprochen der wîssage Ezechiel, dô er sprach, daz ein michel adeler mit grôzen vlügeln, mit langen gelidern vol vedern manigerleie kam ze dem lûtern berge und nam daz mark oder den kernen des hœhsten boumes und zôch abe die hœhe sînes loubes und brâhte daz herabe. Daz unser herre heizet einen edeln men-

hier unten ist die Kraft in uns, durch die wir wissen und erkennen, daß wir sehen, edler und höher als die Kraft, mit der wir sehen. Denn die Natur beginnt ihr Wirken mit dem Geringsten, Gott hingegen beginnt sein Wirken mit dem Vollkommensten. Die Natur macht den Mann aus dem Kind und das Huhn aus dem Ei; Gott aber macht den Mann vor dem Kind und das Huhn vor dem Ei. Die Natur beginnt, indem sie das Holz warm macht und heiß; danach erst macht sie das Sein des Feuers. Aber Gott gibt zuerst jedem Geschöpf das Sein und dann erst, gesondert, in der Zeit und doch ohne Zeit, alles, was zum Sein dazugehört. Gott gibt ja auch zuerst den Heiligen Geist, und dann erst die Gaben des Heiligen Geistes.

So sage ich denn: Zwar gibt es keine Seligkeit, ohne daß der Mensch sich ihrer bewußt würde und ohne daß er wüßte, daß er Gott sieht und erkennt, aber Gott bewahre mich davor, daß meine Seligkeit darin bestünde. Wem es anders genügt, dem sei es gegönnt, aber mir tut er leid. Die Hitze des Feuers und das Wesen des Feuers sind völlig ungleich. Sie sind dem Wesen nach erstaunlich weit entfernt voneinander, auch wenn sie in Raum und Zeit ganz nahe beieinander sind. Gottes Sehen und unser Sehen sind einander völlig fern und unähnlich.

Daher sagt unser Herr es sehr gut: «Ein edler Mensch reiste ab in ein fernes Land, sich ein Königreich zu gewinnen, und kam zurück.»

Denn der Mensch muß eins sein in sich selbst. Und das muß er suchen, in sich selbst und im Einen, und er muß es empfangen im Einen. Das heißt: Er muß nichts sehen als Gott allein, aber dann muß er «zurückkommen», das heißt: wissen und erkennen, daß er Gott erkennt und weiß.

Alles was ich hier sage, hat der Prophet Ezechiel vorhergesagt mit den Worten: «Ein mächtiger Adler mit großen Flügeln von riesiger Spannweite und vielfarbenen Federn flog zu dem reinen Berg; er nahm dem höchsten Baum das

schen, daz nemmet der wîssage einen grôzen adeler. Wer ist danne edeler wan der einhalp geborn ist von dem hœhsten und von dem besten, daz crêatûre hât, und anderhalp von dem innigesten grunde götlîcher natûre und des einœde? Ich, sprichet unser herre in dem wîssagen Osee, wil die edeln sêle vüeren in ein einœde, und ich wil dâ sprechen in ir herze ein mit einem, ein von einem, ein in einem und in einem ein êwiclîche. Âmen.

Mark oder seinen Kern; er riß die Laubkrone ab und brachte sie nach unten.» Was unser Herr einen «edlen Menschen» nennt, das bezeichnet der Prophet als «großen Adler». Gibt es denn etwas Edleres als den, der geboren wird aus dem Höchsten und Besten der Schöpfung und auch noch aus dem innersten Grund der göttlichen Natur und ihrer Einöde? »Ich führe», sagt unser Herr im Propheten Osee, «ich führe die edle Seele in die Einöde. Und dort spreche ich in ihr Herz»: Das Eine mit dem Einen, das Eine vom Einen, das Eine im Einen und im Einen eins auf ewig. Amen.

NACHWORT

I.

Philosophen sagt man zuweilen nach, sie kümmerten sich nicht um das Elend der Welt. Das mag zutreffen auf einige verwissenschaftlichte Schulen der Philosophie, die großen Denker jedenfalls interessierten sich für die Leiden der Menschen. Platon und Kant, Plotin und Augustinus verstanden Philosophie als Suche nach dem richtigen, dem glücklichen Leben; sie waren keine abstrakten Begriffsbastler. Mindestens zwei bedeutende Denker, Sokrates und Boethius, dachten im Gefängnis nach über gelingendes Leben. In Erwartung der Hinrichtung konnten sie Unrecht, Leid und Tod nicht ignorieren. Platon sagte von philosophischen Unterhaltungen, sie seien wie Kinderlieder, mit denen man die Kleinen beruhigt, wenn sie Angst haben in der Nacht. Diese Philosophen, vor allem die der Antike, wußten und sprachen es aus: Der Mensch sucht Glück. Der Mensch braucht Trost.

Die europäische Literatur weist daher eine Reihe von Texten auf, in denen Philosophen sich an Leidende und Trauernde wenden. Es gibt eine reiche Tradition der Trostliteratur. Solche Bücher heißen nicht immer «Trostschrift»; sie sind es gleichwohl. Platons *Phaidon* gehört zu ihnen, aber auch manche Abhandlung über das glückliche Leben spricht von Leid, von Krankheit, Unglück und Tod. Das gilt von Plotins Schrift über die Glückseligkeit *(Enneade* I 4[20]) und von Augustins früher Abhandlung *De beata vita, Das selige Leben.*[21] Der berühmteste Text in dieser Reihe ist der *Trost der Philosophie* des Boethius.[22] Dieses poetisch-philosophische Buch eines Christen, der in den letzten Stunden seines

Lebens das Leiden und den Tod Christi nicht erwähnt, sondern Trost findet in der Philosophie, hat diese Möglichkeit auch für Christen der Folgejahrhunderte offengehalten. In diesen Zusammenhang gehört das Trostbuch Meister Eckharts. In ihm kommt der Trost zwar nicht mehr wie bei Boethius, der verwurzelt blieb in antiker Kosmoserfahrung, von der Zahlenhaftigkeit der Natur, vom Lauf der Sterne und der Gesamtordnung des Universums, aber es argumentiert, wie Eckhart hervorhebt, «im natürlichen Licht der vernünftigen Seele». Es will mit rationalen Überlegungen bedrückte Menschen aufrichten. Es spricht nicht mehr aus antiker Weltfrömmigkeit, ruft aber doch, mehr als oft gesehen wird, bildhaft Naturerfahrungen auf: das Verbrennen von Holz, das Wasser bei Ebbe und Flut, das Fallen eines Steins.

Eckharts *Buch der göttlichen Tröstung* war kein einsamer Nachfolger des Boethius, sondern stand in einer Reihe mittelalterlicher Schriften[23]. Es war auch nicht das letzte literarische Produkt dieser Art: Johannes von Dambach exzerpierte Eckharts Trostbuch, wich allem aus, was bei Eckhart dogmatisch anstößig war und nannte sein Konkurrenzbuch *Trost der Theologie, Consolatio theologiae.* «Seine Vorsicht wurde belohnt: Als 1348 die neue Universität zu Prag eröffnet wurde, bekam er einen Lehrstuhl für Theologie».[24] Luther schrieb eine Trostschrift für Friedrich den Weisen,[25] und Johann Gottlieb Fichte nahm mit wuchtigen Tönen preußisch-stramm das Thema noch einmal auf: *Die Anweisung zum seligen Leben, oder auch die Religionslehre,* Berlin 1806.[26] Hans Blumenberg hat, weniger zuversichtlich als Eckhart und Fichte, nachdenkliche Seiten darüber geschrieben, daß der Mensch Trost braucht.[27]

II.

Meister Eckhart hat sein Trostbuch auf Deutsch geschrieben. Das war für einen Gelehrten um 1300 nicht selbstverständlich. Die Amts- und Alltagssprache für einen Professor in Paris und auch für einen Lektor in Köln war Lateinisch. Aber es gab seit den Aristoteles- und Boethiusübersetzungen des Notker Labeo von Sankt Gallen († 1022) eine deutsche wissenschaftliche Prosa; im 12. und 13. Jahrhundert hatten Dichter wie Hartmann von Aue, Gottfried von Straßburg und Wolfram von Eschenbach die deutsche Sprache flexibel und ausdrucksstark gemacht; die deutschen Texte Eckharts stellten daher keine Urzeugung dar. Eckhart hatte sich schon in seinen *Reden der Unterweisung* (zwischen 1295 und 1298) der deutschen Sprache bedient. Aber das waren Reden, keine Traktate. Warum also verfaßte er nun nicht nur Predigten, sondern auch Traktate auf Deutsch? Die wirklich einfachen Leute erreichte er ohnehin nicht; sie konnten nicht lesen; im deutschsprachigen Raum konnte erst um 1500 etwa ein Prozent der erwachsenen Bevölkerung lesen. Wir wissen nicht, ob Eckhart den Traktat *für* die Königin von Ungarn verfaßt hat; wir wissen nur, daß er ihr das Buch *zugeschickt* hat. Aber die Königin hätte einen Kleriker gehabt, ihr ein lateinisches Buch zu übersetzen. Eckhartverehrer nahmen lange Zeit an, er habe die Volkssprache gewählt, weil er seine tiefempfundenen Einsichten in der lateinischen Sprache nicht habe ausdrücken können. Für einige Jahrzehnte galt bei vielen Germanisten das Stammesvorurteil, Eckhart habe seine mystischen Erfahrungen nur in der Muttersprache formulieren können. Diese romantisch-nationalistische Annahme war falsch. Die lateinische Sprache hatte gegen 1300 eine außerordentliche Flexibilität erreicht. Wir haben zeitgenössische Übersetzungen der schwierigsten Predigtpassagen Eckharts; sie verhalten sich zur deutschen Erstfassung ungefähr so wie heute eine gute Übersetzung aus dem Englischen. Es kommen Fehler vor, aber es fehlt nichts Wesentliches. Eckhart antwortete mit der Wahl der Volkssprache auf einen umfassenden Wandel. Die Zahl der Lesekundigen nahm zu; das Stadtpublikum entwickelte zunehmend kritische Selbständigkeit. Es wollte verständliche Erklärungen hören; es war nicht mehr mit jeder Auskunft des Klerus zufrieden. Die Professoren in Paris und Padua verfaßten weiter lateinische Bücher, allerdings schrieb Nikolaus von Oresme († 1382) bald über Geldtheorie und Naturphilosophie auf Französisch, während unser Nikolaus von Kues († 1464) im wesentlichen ein lateinischer Autor blieb. Aber avantgardistische Außenseiter wie Dante und Raimundus Lullus, Eckharts Zeitgenossen, haben denselben Schritt zur Volkssprache vollzogen wie er; sie haben die italienische bzw. die katalanische Sprache für die Darlegung theoretischer Fragen verwendet und als Literatursprache fast erschaffen. Sie durchbrachen die bisherige vornehme Isolation der Gelehrten. In den wirtschaftlich entwickeltsten Ländern waren die Laien nicht mehr zu übergehen. Dies haben Dante, Lull und Eckhart zur gleichen Zeit begriffen. Sie dachten, der Logos erleuchte *jeden* Menschen, der in diese Welt kommt. Sie verließen die geschlossene Eigenwelt der Fachleute und ernteten dafür nicht nur Beifall. Eckhart wurde deswegen angegriffen und hat an den Schluß des Trostbuchs einen Abschnitt angehängt, in dem er sich verteidigt, daß er sich an Ungelehrte wendet. Er gab die einfache Begründung, niemand könne gelehrt werden, wenn kein Ungelehrter belehrt würde.[28] Der Papst und der Orden reagierten auf Eckhart; stärker als zuvor drängten sie darauf, die lateinische Klerikalwelt der Gelehrten dicht zu halten.[29] Für Eckharts Sprachwahl kam noch eine andere Überlegung hinzu: Sein Gott ist wesenhaft Beziehung auf Menschen; er ist mitteilsam im höchsten Maß. Er gibt sich uns ganz. Er behält nichts Geheimnisvolles für sich zurück. Es liegt an uns, wenn er unverständlich erscheint. Der Mensch, der im Sinne dieses Gottes über ihn spricht, überspringt die sozial-zufälligen Grenzen der Mitteilbarkeit. Er muß und will übersetzen.

III.

Die Abfassungszeit von Eckharts Trostbuch liegt nur ungefähr fest; es ist wohl zwischen 1313 und 1323 entstanden, also in der zweiten Lebenshälfte Eckharts. König Albrecht I. ist 1308 ermordet worden. Solange man annahm, Eckhart habe das Buch geschrieben, um dessen Tochter Agnes, die Königin von Ungarn, über den Tod ihres Vaters zu trösten, lag die Annahme nahe, das Buch sei kurz nach 1308 geschrieben. Dagegen machte Kurt Ruh zwei Argumente geltend: Erstens, der Zusammenhang mit der Ermordung Albrechts steht nicht fest. Fest steht nur, daß Eckhart irgendwann einmal das Trostbuch an Agnes von Ungarn geschickt hat. Dies könnte sehr wohl erst 1318 gewesen sein, als Agnes sich ins Kloster Königsfelden zurückgezogen hat. Zweitens paßt, Kurt Ruh zufolge, die spätere Datierung besser zu dem, was wir über Eckharts Lehrentwicklung wissen. Eckhart lehrte insgesamt dreimal in Paris: 1294 als Baccalaureus, 1302/1303 und 1311/1313 als Magister. Ruh nahm an, Eckhart habe nach der Hinrichtung der Marguerite Porete, die er 1311 in Paris nicht habe übersehen können und wegen der Ketzerbewegungen in Süddeutschland, die er in seinem Straßburger Jahrzehnt (1313–1323) kennenlernte, seine Aufgabe darin gesehen, an der kirchlichen Integration solcher Bewegungen zu arbeiten, und habe deswegen volkssprachliche Traktate verfaßt und Predigten gehalten.[30] Ruh argumentierte weiter, die Lehre Eckharts von den allgemeinsten Bestimmungen – gut, wahr, gerecht –, die Eckhart zu Beginn des Trostbuchs vortrage, stimme eher mit den Theorien von Eckharts zweitem Pariser Lehraufenthalt zusammen. Später kamen Kurt Ruh Zweifel, ob die Theorien Eckharts zwischen beiden Pariser Lehraufenthalten als Magister sich so markant verschoben haben, daß wir darauf eine Chronologie gründen können. Zuletzt hat Loris Sturlese gezeigt, daß die Konzeption des *Opus tripartitum* früher angesetzt werden kann als bisher angenommen.[31]

Es wäre schön, über eine genaue und verläßliche Chronologie der Schriften Eckharts zu verfügen. Für das *Buch der göttlichen Tröstung* haben wir sie nicht. Machen wir also dessen Auslegung weder von Entwicklungshypothesen abhängig noch von Vermutungen über den Seelenzustand von Königin Agnes. Halten wir uns an den Text.

Eckhart hat den kleinen Traktat *Vom edlen Menschen* mit der größeren Trostschrift verbunden und unter dem Bibelvers-Titel *Benedictus* in Umlauf gebracht. Eckhart verweist im Trostbuch auf die kleinere Schrift, halb Lesepredigt, halb Traktat. Auch Eckharts Ankläger behandelten die beiden Schriften als Zusammenhang. Wahrscheinlich hat Eckhart zuerst *Vom edlen Menschen* verfaßt, dann das Trostbuch, dem er zuletzt den Abschnitt zu seiner Verteidigung hinzufügte. Er selbst nimmt im Text keinen Bezug auf Königin Agnes; seine Trostgründe sollten für jedermann gelten – für jeden, der lesen konnte. Es gibt Andeutungen, daß dies eher wohlhabende Leute waren, die mit einem Verlust von vierzig Mark rechnen konnten und sich mit den ihnen verbleibenden sechzig Mark trösten sollten. Das waren hohe Summen.

Es bestehen enge inhaltliche Beziehungen zwischen dem *Liber Benedictus* und Eckharts ungefähr gleichzeitigem *Kommentar zum Johannesevangelium.*[32] Dabei ergeben sich mindestens folgende Übereinstimmungen:

Erstens: Eckhart spricht am Anfang des Trostbuchs von den allgemeinen Bestimmungen – Weisheit, Gerechtigkeit, Gutsein, Wahrheit – und von ihrer Anwesenheit im einzelnen Guten und Gerechten. Ihre Beziehung sei das Verhältnis von Gott Vater zu Gott Sohn. Im Trostbuch wie im Johanneskommentar erklärt Eckhart dieses Verhältnis zunächst wie das Verhältnis des Allgemeinen (das Menschsein) zum Einzelnen (dieser Mensch). Er beschreibt in Kürze die Anwesenheit des Universalen im Einzelnen und betrachtet es als das reale Leben der göttlichen Drei-Einigkeit.[33] Er erklärt wie im Trostbuch seine Metaphysik des Inseins: Alles Hervorgebrachte ist *in* seinem Hervorbringenden.[34] Der Gerechte existiert in der Gerechtigkeit. Wie das möglich ist, sagt uns keine Vision oder Ahnung, sondern die philosophische Analyse des Enthaltenseins des Konkreten im Allgemeinen (abstractum).[35] Er unterscheidet zwischen der analogen Teilhabe (Partizipation) des Einzelnen an einem Allgemeinen und der univoken Wechselseitigkeit.[36] Er beruft sich auf die für seine Argumentation unentbehrliche Einsicht des Aristoteles, das Adjektiv «gerecht» sage nichts als die reine Qualität.[37] Es sehe ab vom Träger einer Eigenschaft.

Zweitens enthalten das Trostbuch, die Schrift vom edlen Menschen und der Johanneskommentar eine Untersuchung des Auges, des Sehens und der Farbe. Das Auge muß frei sein von Farbe, um alle Farben werden zu können. Es hat eine Wesensbeziehung zur Farbe an sich, und nur deswegen nimmt es einzelne Farben wahr. Im Sehen wird es das Gesehene. Das von Dingen abgelöste *geistige* Erkennen wird identisch mit seinem Inhalt, also mit den genannten allgemeinen Bestimmungen: Gerechtigkeit, Weisheit, Gutsein, Wahrheit. Die Sohnschaft ist, wie ich gleich erläutern werde, die Identität des geistig Erkennenden mit dem Erkannten. Diese Theorien des Sehens und der geistigen Erkenntnis aus der aristotelisch-averroistischen Philosophie, in der Interpretation des Dietrich von Freiberg, bilden die Grundlage, sowohl im Trostbuch wie im Johanneskommentar.[38]

Drittens: Trostbuch wie Johanneskommentar fordern eine zunächst intellektuelle und willentliche Umkehr unseres

Wirklichkeitsbegriffs. Die richtige Lebensorientierung geht weg vom Dies und Das, hin zum wahren Sein.[39] Eckhart entwertet das irdische Einzelne deswegen nicht. Er durchdenkt die Anwesenheit des wahren Seins, seine wirkliche Gegenwart und arbeitet heraus, daß Wesen und Leben im Einzelnen immanent sind. Dies nenne ich Eckharts Immanentismus: Der Stein hat sein Wesen, das ihm niemand, auch Gott nicht, nehmen kann. Er ist in sich. Er hat seinen Eigenbestand und seine davon unablösbare Eigentätigkeit, auch wenn er ruht.[40] Genau genommen ist er nicht von einem anderen, ab alio. Erst recht gilt: Was lebt, lebt in sich, von sich, für sich. Das Lebendige ist ohne Grund.[41]

Viertens: Indem wir das Dies und Das verlassen, verlassen wir die Zeit. Eckhart insistiert: Alles, was er vorbringt, geschieht in der Gegenwart. Bei allem, was Gott und den Intellekt angeht, sind Zeitbestimmungen fernzuhalten; hier gilt nur die Gegenwartsperspektive.[42] Was gewesen ist und was sein wird, das interessiert nicht. Heilsgeschichte, Wundertaten und Eschatologie werden zu Metaphern.

Fünftens: Eckhart hebt zu Beginn des Johanneskommentars programmatisch hervor, er wolle die Wahrheit des Alten und des Neuen Testaments, also Welterschaffung, Menschwerdung und Erlösung, mit *philosophischen* Argumenten der natürlichen Vernunft darlegen. Gleich zu Beginn des Trostbuchs erklärt er, seine Lehre sei erkennbar im Licht der natürlichen Vernunft.[43] Wenn sie außerdem in der Bibel steht, ist das schön, weil es gut ist, wenn Vernunftbeweise bestätigt werden durch die Autorität.

Die Gemeinsamkeit dieser Hauptmotive ist beweisbar; Entwicklungshypothesen sind weniger sicher. Ich muß nur noch erklären, wieso das Insein der Gerechtigkeit im Gerechten, des Gutseins an sich im einzelnen Guten das Leben der Gottheit ist. Dazu führt eine einfache Überlegung, die Eckhart schon bei seinem ersten Pariser Magisterium, 1302 bis 1303, ausgesprochen hat. Weisheit (Wahrheit, Gerechtigkeit etc.) als solche kann, genau genommen, nicht als erschaffbar gedacht werden. Das Besondere an dieser Behauptung ist, daß Weisheit, Wahrheit etc. nicht nur de facto nicht erschaffen worden sind, sondern daß sie ihrem Wesen nach *nicht als erschaffen gedacht* werden können. In der formellen Sprache des Pariser Magisters Eckhart: sapientia … non habet rationem creabilis.[44] Dies ist keine mystische Erfahrung, sondern eine für jede Vernunft verbindliche Notwendigkeit. Das zeigt folgende Überlegung: Würde jemand sich vorstellen, Gott habe die Weisheit (Wahrheit, Gerechtigkeit etc.) in einen einzelnen Menschen hinein erschaffen, dann müßte er zugeben, Gott habe dies aus Weisheit und in Weisheit getan. Dann war Weisheit da, bevor sie in ein einzelnes Individuum eintrat. Es gibt nicht zwei oder mehrere Weisheiten. Weisheit ist Einheit und ihrem Wesen nach nicht als erschaffen denkbar. Dies ist der einfache Grundgedanke der Philosophie Eckharts. Indem Eckhart ihn ausspricht, berichtet er von keinem Erlebnis und bezieht sich auch zunächst nicht auf die Bibel. Er ist schlicht einsichtig. Eckhart hat dies für die Weisheit schon 1302/1303 in Paris ausgesprochen und weitet das im Trostbuch aus auf Gerechtigkeit, Wahrheit und Gutsein: Nehmen wir an, irgendein Mensch tue etwas Gutes. Dann ist in seinem Willen das Gutsein. Man kann sich *vorstellen,* Gott habe das Gutsein in seinen Willen hineinerschaffen; *denken* kann man das nicht. Denn denkend muß man sagen: Gott war gut, als er das Gutsein im Menschen erschuf. Ein Kritiker kann immer noch einwenden, es handle sich um bloße Namensgleichheit ohne sachliche Gemeinsamkeit, wenn wir von Gutsein bei Gott und vom Gutsein eines menschlichen Willens sprechen. Aber wer diese Position wählt, untergräbt jede Vernunftzuversicht, über Gott und die Welt etwas zu sagen. Eckhart jedenfalls machte die nicht-nominalistische Voraussetzung, daß es nur *eine* Weisheit und nur *ein* reines Gutsein geben kann. Um genauer zu sein: Eine weise Überlegung oder eine gute Entscheidung in einem einzelnen Menschen läßt sich immer auch als Vorgang innerhalb eines Meeres von Bedingtheiten analysieren. Das wußte auch Eckhart. Er fuhr aber fort: Denkt jemand die Weisheit oder die Gerechtigkeit selbst, rein als solche, und verwirft er die Möglichkeit nominalistischer Einschränkung der Vernunft, dann denkt er die Weisheit, strikt als Weisheit genommen, als die Anwesenheit Gottes im Menschen und entzieht gleichzeitig den Gedanken «Gott» der Vorherrschaft des bloßen Vorstellens. Die kausale Erklärung von der Art handwerkanalogen Herstellens scheidet bei Weisheit, Gutsein und Wahrheit aus. Dann mußte Eckhart sich etwas einfallen lassen, um die Anwesenheit von Unbedingtem inmitten lauter Bedingtheiten zu umschreiben. Um dabei voranzukommen, untersucht er die beiden Bestimmungen «Machen» und «Erzeugen». «Gemacht» war die Wahrheit nicht, auch nicht die Wahrheit der bescheidensten intellektuellen Erkenntnis. Ein einfacher wahrer Gedanke war die Wahrheit selbst, ungemacht und ganz, denn die Wahrheit ist weder machbar noch teilbar. Wenn Wahrheit in mir ist, indem ich einen schlichten wahren Satz ausspreche, dann kann dies nur durch eine Art Selbstausbreitung der Wahrheit selbst geschehen sein. Die Wahrheit ist nicht nur oben im Himmel und hat dort den Namen «Gott», sondern sie ist hier unten; sie ist bei uns und in uns, und erst wenn wir das begreifen, verstehen wir die Vokabel «Gott». Nicht, als *stehe* das Wort «Gutsein» *für* den sonst woher bekannten «Gott», sondern wir erschließen uns den einzig würdigen Sinn des Gottseins, indem wir Gutsein und Gerechtigkeit, ihre Zeugungskraft und irdische Anwesenheit *denken*.

Für Selbstausbreitung haben wir eine passende Metapher: Menschen und Tiere breiten sich selbst aus, indem sie sich fortpflanzen. «Erzeugen» und «Geborenwerden» drücken einen Zusammenhang aus, wie er zwischen der Wahrheit selbst und dem einzelnen wahren Satz besteht. Man kann also sagen: Die Wahrheit und das Gutsein sind in uns, aber nicht weil sie «gemacht» und in uns aus einer Art von persönlicher Gunst hineingesetzt worden wären, sondern sie werden, sie selbst bleibend, «hineingeboren». Dieser Bezug auf uns ist ihnen wesentlich, nicht zufällig. «Erzeugen» und «Gebären» sind organische Metaphern, sie sind besser als die technomorphen Bilder des Machens, aber sie können und müssen erklärt werden: Es geht darum, die Unerschaffbarkeit von Weisheit, Wahrheit, Gutsein gedanklich festzuhalten und sie dennoch in uns Menschen zu finden. Diese Unbedingtheits-Bestimmungen: Wahrheit, Gutsein, Gerechtigkeit, Weisheit sind auf der Erde und sind doch nicht als erschaffen denkbar. Dann sind sie die Anwesenheit Gottes auf Erden, bei uns Menschen. Dies setzt voraus, daß man den Begriff «Gott» intellektuell gewinnt, indem man Wahrheit, Gutsein, Gerechtigkeit denkt. Eckhart hat in der deutschen Predigt Nr. 6 gesagt, wäre Gott nicht gerecht, dann würde er sich nicht die Bohne um ihn kümmern.[45] Gott als bloße Willensenergie, als Himmelskaiser oder als bloß de facto vorhandene und zufällig gütige Person *vorgestellt*, das ist für Eckhart nicht Gott. Was das Wort «Gott» bedeuten kann, das wird *intellektuell* einsichtig und in unverletzter Würde annehmbar auf dem Weg über die Kriterien: Wahrheit, Gutsein, Gerechtigkeit, Weisheit. Dazu kommt man nicht durch religiöse Zeremonien oder Wunderglauben. Das gewinnt niemand durch Kniebeugen oder das Hersagen von Bibelsprüchen.[46] Aber wer die intellektuelle Operation vollzieht, dem bietet die Bibel die Entsprechung: Gott hat seinen Sohn erzeugt, nicht gemacht. Dieser Sohn ist das Wort des ewigen Vaters. Damit ist Eckhart beim intellektuellen Gehalt des Johannesprologs angelangt. Jetzt kann er dieses Evangelium in den Grundzügen erklären. Jetzt kann er auch erklären, was antike Philosophen mit dem Ausspruch meinten, keine menschliche Seele sei ohne Gott.[47] Und er kann sagen, daß alle Trostlosigkeit daher komme, daß wir uns das nicht klarmachen. Sofern wir einen wahren Satz sagen oder eine gute Tat wollen, hat sich das Unbedingte auf die ihm eigene Weise selbst in uns hinein ausgebreitet, und dafür können wir auch sagen: Gott Sohn ist in uns geboren, und wenn er in uns geboren ist, dann sind wir Gottes Sohn, und wir sind es ganz, denn die Gottheit zerlegt sich nicht in Teile. Wo sie ist, ist sie ganz. Dies zu erfassen und in diesem Sinn sich als Sohn Gottes zu verstehen, das ist der einzige Trostgrund, den es auf Erden gibt. Er ergibt sich aus der einfachen Einsicht, daß wir Wahrheit, Gutsein und Weisheit ihrem Wesen nach nicht als erschaffbar denken können.

IV.

Gehen wir näher auf Eckharts Texte zu. Das Trostbuch zerfällt in drei Teile, die der Autor selbst klar voneinander absetzt:

Teil I bringt die theoretische Grundlegung (DW V S. 9–15). Dieser entscheidende Abschnitt gibt eine kurze Zusammenfassung von Eckharts Lehre; auf ihn vor allem beriefen sich die Ankläger in Eckharts Kölner Prozeß.[48] Eckhart gibt zu verstehen, dieser Teil I würde als Trostmotiv allein genügen. Diese theoretische Einleitung gliedert sich wiederum in drei Abschnitte: Eckhart begründet zunächst kurz seine Metaphysik der Gottessohnschaft (DW V S. 9–10), geht dann über zur Auslegung des Prologs des Johannesevangeliums (DW V S. 10, 11–11, 19) und schließt mit Überlegungen, worin der wahre Trost liegt und wie es kommt, daß Menschen trostlos sind (DW V S. 11, 20–15, 5).

Der umfangreiche zweite Teil (DW V S. 15, 7–56, 15) ändert die Tonart. Antike und mittelalterliche Denker liebten es, für ein und dieselbe Sache sich viele Argumente auszudenken. Sie zeigten intellektuellen Spieltrieb und bewiesen in einer Art intellektuellen Sports argumentative Erfindungskraft. Die Schriften Plotins, aber auch Alberts und Thomas' sind voll von solchen Häufungen vieler Argumente für ein und dieselbe These. Wir dürfen uns solche Übungen in der heiteren Umgebung neugieriger junger Männer vorstellen. So bringt Eckhart hier, ohne sie pedantisch zu numerieren, an die dreißig kleine Lehrstücke. Zwischendrin fängt er eine neue Zählung von sieben Argumenten an. Es kommt ihm nicht auf die geometrische Struktur an; er liefert Meditationsbrocken auch für eilige Leser. Er gibt Ratschläge für das Psychotraining bei Verlusten:

Hast du von hundert Mark vierzig verloren, dann konzentriere dich auf die sechzig Mark, die dir geblieben sind (DW V S. 15, 17–16, 16).

Hast du durch deine Entscheidung, z.B. durch die Wahl einer Wegstrecke, Verluste erlitten, so denke nicht, du hättest einen anderen Weg einschlagen sollen. Denn du weißt nicht, was dir dann passiert wäre (DW V S. 35, 14–21).

Steckst du im Unglück, dann denke an das Glück, das du hattest (DW V S. 36, 1–37, 3).

Mache dir klar, daß alles, was du verloren hast, nicht dein Besitz war. Es war dir nur geliehen (DW V S. 37, 4–38, 2).

Das ist Trostphilosophie im Plauderton, antike Weisheitslehre in kleinen Portionen, wohl auch Stoffsammlung für Prediger. Eckhart schreibt für ein breiteres Publikum. Seine Ratschläge widersprechen den Standardillusionen heutiger Psychologen. Deren Kunst des «Aufarbeitens» mag bei mittleren Zwischenfällen eines ansonsten geordneten bürgerlichen Alltags helfen, versagt aber bei wirklichen Katastrophen. Eckhart vergißt sein Hauptthema nicht. Teil 2 trägt kleine Trostgründe vor, bezieht sich aber immer wieder auf die metaphysische Grundlegung im ersten Teil, fast als mißachte er die von ihm angezeigte Gliederung.[49] Er wiederholt seine Metaphysik der Sohnschaft bis hin zu der schroffen Wendung: Der gute Mensch, sofern er gut ist, tritt ein in *alle* Eigenschaften des göttlichen Gutseins (DW V S. 22,

16–19; S. 43, 17–19; S. 44, 21–26). Der wahre Trost liegt in der Einheit mit der Einheit. Eckhart untersucht im zweiten Teil folgende theoretische Zusammenhänge näher:

Die Rolle der Gleichheit, die wir durchschreiten müssen auf dem Weg zum Einen (DW V S. 18, 12–19, 4 und S. 34, 4–14);

er erklärt seine Außenseiteransicht, wir hätten Gott im höheren Maße, indem wir ihn entbehren (DW V S. 22, 20–23, 11 und 40, 7–14);

er begründet seine Philosophie des Bloßseins, des Nicht-Habens, der intellektuellen Armut damit, daß der Intellekt mit nichts etwas gemein hat, damit er alles werden kann (DW V S. 28, 3–29, 3 und S. 30, 5–18);

er zeigt, daß es darum geht, alles zu verlassen, aber nicht um des Verlassens willen, sondern um intellektuell und affektiv zurückzukommen (DW V S. 24, 5–25, 7).

Der dritte Teil (DW V S. 56, 17–60, 4) erzählt einige Exempel. Eckhart bringt Beispiele, wie Menschen ihr Leid frei auf sich genommen haben. Er berichtet davon, wie König David nach einer Beleidigung auf Rache verzichtet hat; er nennt die drei Gründe, die ein Kranker dafür hatte, Gott nicht um Heilung zu bitten. Er blickt auf seine städtische Gegenwart und erzählt von Kaufleuten, die ihre Gewinne nicht im Kontor, sondern auf gefährlichen Reisen machen; er erzählt von Risiken im Leben von Rittern.

Der dritte Teil endet mit der Selbstverteidigung Eckharts (DW V S. 60, 5–61, 12). Man bestreitet die Wahrheit seiner Lehre; man verübelt ihm, daß er sie Ungelehrten vorträgt. Wie ein fernes Donnergrollen kündigt sich der Inquisitionsprozeß an. Aber Eckhart beharrt: Er folgt nicht der alten Tradition des Geheimwissens. Die Wahrheit ist für alle da.

Die Frage, worin der wahre Adel bestehe, war um 1300 in den wirtschaftlich aktivsten Regionen Europas von großer Aktualität. Die führenden bürgerlichen Schichten waren dem alten Adel oft an Reichtum, Initiative und auch an Bildung überlegen. In der Toscana zogen die Adligen vielfach in die Stadt, um an deren Aufschwung und Politik Anteil zu bekommen. Dante hat das vierte Buch seines *Convivio* der Frage des wirklichen Adels gewidmet: Das Wort «edel», klagt er, werde fast immer falsch verwendet. Große Autoritäten sogar behaupten, Adel bestehe in altem Reichtum und vornehmen äußeren Sitten. Daraus ergebe sich schreckliche Verwirrung des Weltlebens (pessima confusione del mondo). Viel zu lang, fand Dante, wurde bei uns die falsche Meinung geduldet, daß einer sagen konnte: «Ich bin von Adel, denn ich bin Enkel oder Sohn von jenem tüchtigen Mann». Es komme nicht auf die Abstammung an; oft stamme ein schlechter Mensch von guten Vorfahren ab.[50] Dante kritisiert voller Zorn diese feudale Anmaßung; Eckhart spricht in ruhigem Ton davon, der Adel liege in der menschlichen Natur. Sein kleiner Traktat will zeigen 1) wie edel die menschliche Natur angelegt sei, 2) wie göttlich ihr Ziel sei, das der Mensch aber 3) nur erreiche durch Wegnehmen dessen, was den wahren Adel verdeckt.[51] Eckhart hält die Abgrenzung zwischen Teil 2 und Teil 3 nicht streng ein.

V.

Es steht jedem Leser frei, womit er seine Lektüre beginne. Es ist keine Schande, den spekulativen Eingangsteil zu überspringen; es empfiehlt sich nur, auf ihn zurückzukommen, denn in seiner Beleuchtung sehen selbst einfache Anekdoten aus Teil 3 und Teil 2 etwas anders aus.

Es ist wichtig zu sehen, wie Eckhart anfängt und was er als grundlegend ansah. Er beginnt nicht mit Berichten über mystische Erfahrungen, er setzt nicht ein mit Bibelerklärungen, er sagt nicht, ich will als Theologe erklären, was Gnade ist. Er stammelt nicht vom Unsagbaren, sondern er fragt: Wie genau ist das Verhältnis eines weisen Menschen zur Weisheit? Er bemerkt, dasselbe Verhältnis bestehe zwischen wahr und Wahrheit, gerecht und Gerechtigkeit, gut und dem Guten selbst. In der deutschen Predigt Nr. 6 sagt Eckhart, wer das Verhältnis des Gerechten zur Gerechtigkeit verstanden habe, der verstehe alles, was er sage.[52] Wir stehen im Zentrum von Eckharts Denken: Die Bestimmungen: Weisheit, Wahrheit, Gerechtigkeit, Gutsein sind austauschbar, und Eckhart untersucht ihr Verhältnis zum einzelnen weisen oder gerechten Menschen. Die Vokabel «Gott» fällt erst, nachdem die Beziehung der abstrakten Bestimmung zum konkreten Träger geklärt ist. Eckhart will diesen Bezug nicht als Bewirken in der Art handwerklichen Herstellens beschreiben, sondern als Selbstausbreitung in der Art der Verbreitung des Lichts. Biologische Metaphern verdeutlichen diese zweite Art des Grund-Folgeverhältnisses: Ein Lebewesen breitet seine Art aus, indem es erzeugt oder gebiert.

Gegen Eckharts Anfangssätze darf man Einwände vorbringen. Unter der Voraussetzung, hier bestehe kein reales Verhältnis von Grund und Folge, weil «Gerechtigkeit» und «Wahrheit» nur nachträgliche Abstraktionen, von Menschen gemachte sprachliche Rahmen seien, um eine Vielzahl von wahren Sätzen oder gerechten Taten zusammenzufassen, bricht die Argumentationsreihe Eckharts zusammen. Er setzt vor-nominalistisch voraus, Gerechtigkeit (Wahrheit, Weisheit, Gutsein) sei in allen Gerechten der gemeinsame reale Bestimmungsgrund und fährt fort, indem er die Vorstellung des *Machens* für das Wirken der Gerechtigkeit (Weisheit, Wahrheit, Gutsein) ausschließt. Er begründet diesen Ausschluß damit, bei einem handwerksähnlichen Bewirken bleibe das Bewirkende immer *außen*, während wir den Gerechten nur deshalb «gerecht» nennen, weil die Gerechtigkeit *in* ihm ist. Der einzelne Gerechte und die Gerechtigkeit beziehen sich real aufeinander; Eckhart sagt bildlich: Sie sehen einander an. Damit gebraucht er eine scholastische Bezeichnung für Relationen. Er sagt also: «Gerechtigkeit» ist kein bloß abstrakter Sammelbegriff, sondern zwischen Gerechtigkeit und dem einzelnen Gerechten besteht innerhalb der wesenhaften Einheit eine reale wechselseitige Beziehung. Die Gerechtigkeit (Wahrheit, Weisheit usw.) selbst kann nicht als entstanden gedacht werden. Bei ihr entfallen daher beide Entstehungsweisen, die er für den einzelnen Gerechten ins Auge gefaßt hat: Sie ist weder gemacht noch geboren. Hier liegt der bereits erwähnte Gedanke der *Ersten Pariser Quaestio* zugrunde: Sofern die Weisheit (Gerechtigkeit, Wahrheit etc.) im Einzelnen ist, kann sie als gemacht nicht einmal gedacht werden, und sie muß auf die Weise der zeugungsanalogen Selbstmitteilung in ihn gekommen sein. Sie ist in ihm nicht gemacht, nicht als Zusatzausstattung in ihn hineingesetzt, sondern hineingeboren. Daraus zieht Eckhart eine Reihe von Folgerungen:

1. Der gerechte Mensch, *sofern* er gerecht ist, ist nicht gemacht und nicht erschaffen, sondern ist «geboren» aus der Gerechtigkeit. An ihm gibt es auch noch andere Eigenschaften, die gemacht oder erschaffen sind, aber *sofern* er gerecht ist, *ist* er *die unerschaffene Gerechtigkeit* selbst.
2. Es ist nicht denkbar, daß die Gerechtigkeit sich ihm nur *teilweise* mitgeteilt hätte, denn die Gerechtigkeit (Weisheit, Wahrheit etc.) ist unteilbar. Sie ist also *ganz* im Gerechten.
3. Wenn die Gerechtigkeit ganz, mit allem, was sie ist und wirkt, im Gerechten ist, wenn er aus und in der Gerechtigkeit sein Gerechtsein bekommt, dann sind der Gerechte und die Gerechtigkeit *völlig eins*.
4. Eckhart stützt seine Argumentation durch eine sprachlogische Überlegung: Wenn wir einen Körper zum Beispiel

«weiß» nennen, dann bezeichnet dieses Adjektiv nur die Qualität. Wir machen uns klar, daß die Farbe «weiß» an sehr verschiedenen Wesen, an einer Vogelfeder wie an einem Stein, anzutreffen ist. Wenn wir «weiß» sagen, sehen wir von diesen Unterschieden ab. Wir reden nicht über Feder und Stein, sondern nur von «Weiß». Diese Regel des Aristoteles wendet Eckhart auf die Wörter «gut» und «gerecht» an: Sie bezeichnen nichts als die reine Qualität, als Gutsein und Gerechtigkeit.

5. Das Verhältnis der ungeschaffenen, ungeborenen Gerechtigkeit zum unerschaffenen, aber geborenen Gerechten ist das Verhältnis von Gott Vater zu Gott Sohn. Eckhart *vergleicht* nicht das Verhältnis der Gerechtigkeit (Weisheit, Wahrheit etc.) zum Gerechten mit dem trinitarischen Verhältnis von Gott Vater und Gott Sohn, sondern er *identifiziert* es. Die Trinität ist nicht das «Modell» seiner Überlegung, sondern ihr realer Inhalt. Gerechtigkeit, Wahrheit, etc. sind der *eine* Gott, und sofern Gerechtigkeit im Menschen ist, *ist* er der Sohn der Gerechtigkeit.
6. Der Gerechte tritt als solcher ein in alle Eigentümlichkeiten, alle Eigenschaften von Gerechtigkeit und Wahrheit. Dies gilt ohne jede Einschränkung, denn Gerechtigkeit und Wahrheit können als zerteilt nicht einmal gedacht werden.
7. Von dieser philosophischen Analyse von Konkret und Abstrakt sagt Eckhart, sie sei im Licht der natürlichen Vernunft erkennbar. Sie setzt die aristotelische Theorie aus dem fünften Kapitel der *Kategorienschrift* über die Prädikation von Adjektiven voraus; sie ist kein Bericht über mystische Erfahrungen; sie bildet kein Kapitel der Glaubenslehre über die Gnade. Sie schafft erst die Voraussetzung für eine vernünftige Erklärung der Bibel, zunächst des Johannesevangeliums.
8. Die Anwesenheit der Gerechtigkeit im Menschen setzt voraus, daß in der menschlichen Seele etwas ist, das unab-

hängig ist vom Leib, das mit Zeit und Raum nichts zu tun hat. Von ihm gilt die von Anaxagoras-Aristoteles stammende Formel über den Intellekt, daß er mit nichts etwas gemeinsam hat, um alles zu werden.

9. Der Mensch, der sich dessen bewußt wird, distanziert sich von allem Geschaffenen. Er «entbildet» sich seiner selbst, sofern er erschaffen ist, und aller Kreaturen. Er wartet nicht auf heilsgeschichtliche Ereignisse; er steht jenseits von Zeit und Ort, von Leid und Tod. Er freut sich des göttlichen Lebens, das sein Leben geworden ist, und hat unverlierbaren Trost.

Diese neun Sätze stehen im grundlegenden Eingangsteil des Buchs der göttlichen Tröstung. Viele Paralleltexte, besonders aus Eckharts Auslegung des Johannesevangeliums, bestätigen sie. Wir können sicher sein, daß sie den Kern der Lehre Eckharts darstellen. Sie spielten bei der Häresieanklage eine wichtige Rolle. In meiner Übersetzung sind alle Sätze kursiv gedruckt, die in der ersten Liste von Eckharts Anklägern aufgeführt sind. Das Druckbild macht deutlich, welche Lehrpunkte von Zeitgenossen als häretisch angesehen werden konnten. Eckhart hat sie zweimal gegen den Häresievorwurf verteidigt, aber weder die Theologen von Avignon noch der Papst und seine Kardinäle fanden seine Erklärungen ausreichend. Bevor ich dies belege, werfe ich einen Blick auf Teil 2 der Trostschrift.

VI.

Teil 2 beschränkt sich nicht auf schlichte Moralüberlegungen. Er führt in mancher Hinsicht die spekulative Trostbegründung vom Buchanfang fort oder kommt doch darauf zurück. Der Grundton bleibt: Das Sohn-Werden, das Sohn-Sein ist die Lösung für das Leid aller Art. Eckhart wiederholt die aufreizende These: Der Gerechte tritt in *alle* Eigenschaften des schlechthin Guten ein (DW V S. 22, 16–19; S. 43, 17–19; S. 44, 21–26). Er erinnert noch einmal an die Hauptmotive der aristotelischen Lehre vom Intellekt: Das Auge muß frei sein von jeder Farbe, um alle Farbe werden zu können. Der Intellekt hat mit nichts etwas gemein, um alle Dinge werden zu können (DW V S. 28, 3–29, 13). Er begründet damit seine Lehre vom Bloß-Sein, von der Notwendigkeit, aus allem Geschaffenen herauszugehen. Dies ergibt seine Lehre von der geistigen Armut und von der Gelassenheit (DW V 28, 3–30, 18), die ihren Höhepunkt darin findet, daß wir Gott eigentlicher aufnehmen, indem wir ihn entbehren (DW V S. 22, 20–23, 11 und S. 40, 7–14). Die Seele sagt sich: Wenn Gott will, daß ich ihn entbehre, dann will ich das auch.

Einen theoretischen Schwerpunkt hat der zweite Teil in der Lehre von der Einheit, welche die Gleichheit erzeugt. Alle Liebe kommt von der Gleichheit; die Liebe drängt durch die Gleichheit zurück zur Einheit (DW V S. 18, 12–19, 4 und S. 31, 1–32, 7). Die reinen Bestimmungen wie Einheit, Gutsein, Wahrheit, Gleichheit sind unser Trost; die Zersplitterung durch die Verteilung unserer Aufmerksamkeit und Liebe auf das Dies und Das bringt nur Leid (DW V S. 26, 16–27, 6 bes. 27, 1). Diese Einschätzung des Dies und Das (hoc et hoc) ist die metaphysische Voraussetzung der gesamten Argumentation. Als wehre Eckhart sich gegen eine heilsgeschichtliche Interpretation seiner Gedanken, hebt er erneut hervor: Gott und sein Sohn auf Erden kennen weder Vergangenheit noch Zukunft. Zeit ist Gott fremd (DW V S. 44, 5–20). Jetzt erst fällt dem Leser auf, daß Eckhart die Leiden Christi mit keinem Wort erwähnt. Man dächte doch, sie dürften in einem christlich-mittelalterlichen Trostbuch nicht fehlen. Sie kommen aber nicht vor, so wenig wie die Auferstehung am Jüngsten Tag. Eckharts Konzeption des Christlichen setzt bei der ewigen Sohnschaft an, also bei der auch für Heiden einsehbaren Gleichheit der Gerechtigkeit mit dem Gerechten, nicht bei zeitlichen Vorgängen und dramatischen Erzählungen. Indem wir Sohn werden, entreißt die ewige Sohnschaft uns in der Zeit der Zeit.

Eckharts Gesamtentwurf beruht darauf: Der Mensch kann sich kraft seiner intellektuellen Natur aus der Welt, aus der Überschätzung des Dies und Das zurückziehen. Er kann das wahre Sein erkennen und ins volle göttliche Leben eintreten, hier schon, jetzt schon. Mit Pessimismus gegenüber der sinnlichen Natur hat das nichts zu tun. Eckharts Naturkonzept, das wenig beachtet wird, trägt sogar zur Abwehr des Pessimismus bei: Die Natur, schreibt er, duldet nichts, was völlig böse oder nur schlecht ist (DW V S. 15, 10–16). Die Natur steckt voller Dynamik und drängt auf ständige Verbesserung (LW V S. 47, 3–48, 2). Sie liefert mit einfachen Vorgängen wie dem Verbrennen von Holz schöne Metaphern für die Sohnwerdung, denn sie steht nicht außerhalb der Grundbestimmungen von Einheit, Gutsein, Gleichheit. Nur erreicht sie nicht die privilegierte Stellung des vergöttlichten Menschen.

Aus dem zweiten Teil von Eckharts Trostbuch ist mindestens noch ein wichtiges Motiv zu erwähnen, die Abwertung äußerer Werke und kirchlicher Zeremonien. Es kommt auf den Willen an, nicht auf die Ausführung. Die äußere Ausführung fügt dem ethischen Wert einer Handlung nichts hinzu. Der gute Mensch betet das Gutsein an, der Gerechte die Gerechtigkeit, und dies ist die Anbetung Gottes im Geist und in der Wahrheit. Kniebeugen und Verneigungen des Hauptes sind etwas für die Phantasie des ungebildeten Volkes. Ums Äußere besorgten Liturgen ruft Eckhart zu: Ihr wißt nicht, was ihr anbetet.[53]

Die Beziehung des Gerechten zur Gerechtigkeit liegt jenseits von Raum und Zeit. Sie findet immer statt, jetzt und immer. Sie kann nicht wie das äußere Tun behindert werden; sie verursacht keine Ermüdung (DW V S. 38, 3–23). Der Gerechte ist immer bei Gott. Seine Gottesbeziehung ist ihm so wesentlich und bleibend wie die Neigung des Steins zum Fallen, die auch dann besteht, wenn der Stein am Fallen gehindert wird (DW V S. 39, 1–7). Der Stein wirkt, auch wenn er ruht. Alles, was wirklich ist, ist Wirken. Dies nenne ich den Dynamismus in Eckharts Weltbegriff. Das gute Wollen hat seinen Wert in sich selbst, und der ist unabhängig vom äußeren Vollzug, von Gelingen oder Mißlingen (DW V S. 40, 15–41, 10). Es tritt ein in die Eigenheit Gottes; wie Gott wirkt er ohne Warum. Eckharts Abwertung der äußeren Handlung gilt nicht, wenn das äußere Werk Ausfluß des inneren Werks ist. Nur erhöht es nicht die moralisch-religiöse Qualität. Ist die innere Handlung groß, dann ist keine äußere Tat klein, die daraus hervorgeht.

Die mittelalterliche Gesellschaft beruhte auf der Kultur von Gesten. Die Kirche verstand sich als Ritus-Gemeinschaft; sie regelte im Namen Gottes ihre Zeremonien akurat und streng. Sie organisierte Systeme von Gesten. Allein schon um ihre Schäfchen kontrollieren zu können, mußten äußere Handlungen von Gott geboten sein. Eckharts Akzentverschiebung auf das innere Werk erschien daher zersetzend.

Ich plädiere für eine gewisse Aufwertung des zweiten Teils des Trostbuchs. Der erste Teil zieht so sehr die Aufmerksamkeit an sich, zumal, wenn seine argumentierende Abfolge übergangen und er auf der Suche nach mystischer Erfahrung durchwühlt wird, wovon nichts im Text steht, daß darüber der umfangreichere zweite Teil in den Schatten gerät. Mancher Ausleger beachtet ihn überhaupt nicht. Aber eine Interpretation, die den Großteil eines Textes auf sich beruhen läßt, bleibt verdächtig. Die Geschichtchen, die Eckhart hier erzählt, sind schlicht, aber sie stehen im *zweiten* Teil, weil wir sie im Licht des *ersten* lesen sollen. Dann beginnen sie, zu changieren. Dies möchte ich an zwei einfachen Beispielen zeigen.

Erste Geschichte: König David wurde beleidigt. Einer seiner Leute will ihn rächen. David wehrt ab, Gott werde ihm für diese Schmach etwas viel Besseres geben.

Zweite Geschichte: Ein Mann kommt zu einem Wüstenvater und klagt, daß er leide. Der heilige Einsiedler fragt: «Willst du, Sohn, daß ich Gott bitte, daß er dir das wegnehme?» Da sagte der andere: «Nein, Vater, denn es ist für mich besser so. Das sehe ich wohl ein. Aber bitte Gott, daß er mir die Gnade gebe, daß ich mein Leid bejahe».

Zwei schlichte Exempel; sie könnten in jeder Predigtsammlung stehen. In erster Lesung mahnen sie zur Geduld. Sie legen nahe, es sei Weisheit, Störfaktoren nicht zu beseitigen, sondern sie auszuhalten. In beiden fällt das Wort «Gott». Eckhart erklärt es hier nicht, das hat er vorher getan. Dadurch bekommen die Geschichten einen doppelten Boden: Man kann sie entweder naiv, als Fortsetzung der üblichen Predigersprache lesen oder als Proben Eckhartscher Philosophie.

Die erste, die schlichte Version der ersten Geschichte: David hat Gottvertrauen, er kann die Schmähung ungerächt hinnehmen, er ist sich ziemlich sicher, Gott werde sie zu seinem Besten wenden. Er unterläßt die Abwehr – einer seiner Männer würde sie nur zu gern übernehmen –; er sieht die Schmähung nicht als Übermut seines Gegners, sondern als Teil eines göttlichen Plans, der zu seinen Gunsten ausgeht.

Erste Auslegung der zweiten Historie: Der Mann, der den Einsiedler besucht und sich über sein Leiden beschwert, begreift im Gespräch, daß das Leiden gut für ihn ist; er will am Ende nicht, daß Gott das Leiden beseitige, sondern daß er ihm helfe, das Leiden willentlich zu bejahen. Die Weisheit liegt in dieser Zustimmung, nehmen wir vorerst an.

Diese beiden Erzählungen, zunächst einmal isoliert, unabhängig von Eckharts philosophischem Zusammenhang gelesen, sagen: Gott hat seinem Liebling David eine große Königszukunft als Führer des auserwählten Volkes zugedacht; David kennt seine Vorzugsrolle und verzichtet in diesem Überlegenheitsbewußtsein, das sich der göttlichen Fürsorge sicher weiß, auf Rache.

Der Gast des Wüstenvaters bekommt durch die Fürbitte des Heiligen eine göttliche Sonderzuwendung, Gnade, also die Stärke, sein Leiden geduldig zu ertragen; entweder heilt die Krankheit oder sie bringt ihn um, im letzten Fall weist das Leiden ihn auf das jenseitige Glück, dessen er sich durch Geduld und Zustimmung würdig erweist.

Eckhart erzählt diese Geschichten, ohne ihren doppelten Boden auszusprechen. Er mischt seine denkerische Hauptarbeit nicht ins Erzählen. Legenden gehen auch so. Aber Eckhart hat zuvor sein Interesse klar bezeichnet: Es ist die neue Auslegung des Wortes «Gott», der nur dann der wahre Gott sein kann, wenn er das Kriterium der Gerechtigkeit erfüllt. Es ist die methodische, die temporäre Ersetzung des Wortes «Gott» durch die Kriterien: «Weisheit, Gutsein selbst, Gerechtigkeit, geistige Erkenntnis, Wahrheit». Auf diese Interpretation des Wortes «Gott» kommt alles an. Das ist das Thema des ersten Teils des Buchs. Aus ihm ging der Mensch hervor als Sohn des Guten selbst, nicht als Sündenwurm oder Leidensknecht. Der Mensch, der aus allem herausgeht, tritt ein in alle Privilegien der Gottheit. Wer das begriffen hat, liest die beiden Legenden anders: Im Verzicht auf Rache, in der Zustimmung zum unvermeidbaren Leiden leben die zwei Menschen in einer anderen Ordnung. Sie definieren sich anders als vorher, nämlich nicht als Rachenehmer, nicht als Klagender. In dieser aufblitzenden Selbsterkenntnis, in dieser geistigen Entscheidung sind sie zur Weisheit gekommen: David und der kranke Wüstenmann entziehen sich intellektuell und willentlich ihren Gewohnheits- und Alltagsrollen; insofern gehören sie einer anderen Welt an, nicht einer zukünftigen Welt, die erst durch eschatologische Wundertaten – daß sich die Sonne verfinstert, die Sterne stürzen – noch kommen soll, nicht einer jenseitigen, in die man durch Begrabenwerden kommt, sondern einer gegenwärtigen, bleibenden, sicheren, heiteren. Vom Buchanfang her gelesen sagen diese zwei Geschichten: Nicht ist die

Weisheit zu ihnen gekommen, sondern sie sind eingegangen in die Weisheit und Wahrheit. Weisheit und Wahrheit sind keine Menscheneigenschaften, wenn man den gewöhnlichen Begriff vom Menschen zugrunde legt, der das Dies und Das für die wahre Wirklichkeit hält. Kein vernünftiger Mensch kann Wahrheit oder Weisheit als erschaffen oder erschaffbar denken. Sofern David und unser Wüstenwanderer *weise* sind, *sind* sie Gott. Würden sie noch leiden, dann hätten sie nicht begriffen, wer sie wirklich sind. Dann geschähe ihnen ihr Leiden nur recht; es bewiese, daß sie sich falsch definiert haben. Damit zeigt sich der doppelte Boden dieser einfachen Erzählungen: Im volkstümlichen Ton der Legende deutet der Denker Eckhart sich an.

Dem Rückblick auf Teil I und Teil II drängt sich auf: Eckhart ist kein zärtlicher Denker. Seine Trostgründe sind hart: Du leidest, weil du dich ans Dies und Das hängst. Du hältst dich an etwas, von dem du weißt, daß es dir Unglück bringen muß. Wer leidet, ist selbst schuld. Kurt Ruh fand in unserem Buch die «christliche Leidenstheologie».[54] Es kommt darauf an, was man darunter versteht. Jedenfalls gilt für Eckhart: In Gott gibt es kein Leiden. Wer in Gott ist, lebt ohne Trauer und ohne Leid. Gott schickt seinen Sohn zur Erde, damit er leiden kann – aber ohne zu leiden. Was heißt es in Eckharts Auslegung, wenn der Mensch Christi Kreuz auf sich nehmen soll? Eckharts Antwort: Sein Kreuz auf sich nehmen, heißt: alles ablegen, was Kreuz und Leid ist. Hier schon, jetzt schon, nicht am Jüngsten Tag. Eckhart überrascht durch ein stoisches Konzept der Unerschütterlichkeit der Seele. Alles, was geschaffen ist, erreicht den Gerechten nicht.[55] Der Gerechte ignoriert das Zufällige und Leidenschaffende. Eckhart fordert förmlich dazu auf, das Erlittene zu vergessen. Er fürchtet nicht den Vorwurf, sein Gerechter «verdränge» sein Trauma. Eckhart hält den guten Menschen an, zudeckend zu arbeiten. Er soll nicht weiter mit dem, was er erlitten hat, Zwiesprache halten, sondern sich klarmachen, daß *er* es ist, der das verlorene, immer beschränkte Gute überschätzt, ja vergötzt hat. Er hat das einzelne Gute mit der produktiven Fülle des Gutseins schlechthin verwechselt.[56] Er soll aufhören, an das verlorene Geld zu denken, und sich dem zuwenden, was ihm noch bleibt. Solange wir noch mit dem Leiden reden, redet das Leiden auch mit uns. Eckhart hat nicht mehr wie Boethius die Ordnung des Universums als Trostgrund. Der Kosmos ist für ihn auch nur Dies und Das, was wir loswerden sollen. Viele Leiden entstehen, weil wir Teile der Natur sind. Eckharts Trost besteht darin, daß wir uns in die abstrakte Teilbestimmung – s o f e r n wir gut und gerecht sind – verwandeln. Man hat viel Tinte über Eckharts Rechtgläubigkeit vergossen. Aber sollten wir nicht zuerst zusehen, was da steht? Wir können die Eigenart dieser Trostphilosophie beschreiben, ohne sie auf orthodoxe Normen zu beziehen, erst recht, ohne sie zur Norm zu machen oder auf Traditionsbestände zu reduzieren, als sage sie ungefähr dasselbe wie der heilige Bernhard. Sie beruht auf einem speziellen Konzept von Metaphysik. Sie basiert auf dem Universalienrealismus und der Differenz von Sein überhaupt und Sein als Dies und Das. Sie fordert, den *Begriff des Begriffs* zu denken. Damit fangen wir an, wenn wir begreifen, daß der Zahlbegriff einer Million kein größerer Begriff ist als der Zahlbegriff Vier. Das Steinsein von tausend Steinen ist nicht mehr Steinsein als das von vier Steinen. Anhand solcher Beispiele soll der Leser den Überschritt vom Vorstellen zum Denken einsehen und einüben. Sonst versteht er nicht, was die Geistseele ist. Dann findet er keinen Zugang zu einer dreistufigen Anthropologie mit einer Metaphysik des Geistes, der mit Nichts etwas gemein hat. Er steht nicht wie ein Ding unter Dingen. Vom Geist ist jede Spur des Nichts weggenommen – ein für Augustin blasphemischer Gedanke. Der, der alles verlassen hat, ist das Sein und Gott geworden. Dies erklärt Eckharts Vernunftvertrauen und seinen immanentistischen, dynamistischen und optimistischen Naturbegriff.

Von Avignon aus gesehen – das gilt für die Kommission wie für Ockham – bestand Eckharts eigenwillige Neufassung des christlichen Selbstbewußtseins aus einer anmaßenden Artistik der Sofern-Konstruktionen, die das Leiden der Menschen mißachtet, die Erlösungstat Christi überflüssig macht und die christliche Hoffnung auf jenseitigen Trost nach diesem Tal der Tränen tendenziell eliminiert.

VII.

Zwischen Herbst 1325 und Herbst 1326 legten zwei dominikanische Ordensgenossen dem Kölner Erzbischof eine Liste von Eckhartsätzen vor, die eine Anklage auf Häresie begründen sollten.[57] Die Liste wurde eröffnet mit Zitaten aus dem *Buch der göttlichen Tröstung;* sie zählte insgesamt dreizehn Irrlehren allein aus diesem Buch. So gut wie den ganzen ersten Teil des Buches hielten die Ankläger für häretisch. Sie übersetzten mit kleinen Auslassungen die Eingangspassage über das Verhältnis der Gerechtigkeit zum Gerechten.[58] An «Trost» und Kreuzestheologie hatten die Mitbrüder kein Interesse; sie störte alles, was die Einheit des Gerechten mit der Gerechtigkeit aussprach, also der ganze Grundlagenabschnitt. Sie hoben die markante Stelle 11, 15–19 hervor, an der Eckhart lehrt, ein solcher Mensch sei Gottes Sohn und trete in *alle* Eigenschaften der göttlichen Gerechtigkeit und Wahrheit ein.

Für uns hat diese Liste unschätzbaren Wert. Sie zeigt, wie Zeitgenossen, die zwar böswillig, aber nicht ungebildet waren, auf Eckharts Trostbuch reagiert haben. Durch ihre Auswahl bestätigen sie, daß gerade die Eingangsseiten den Verdacht auf Häresie nährten. Sie sahen, daß Eckhart hier seine eigenste Lehre vortrug. Sie fanden, Eckhart rücke den Menschen nicht nur zu nahe an Gott heran, sondern er identifiziere ihn mit ihm, da er Gottes Sohn, also gleichen Wesens mit Gott Vater sei.

Ihr Scharfblick entdeckte Anstößiges auch im zweiten Teil des Trostbuches. Sie fanden dort keineswegs nur harmlose Seelsorgepraxis. Sie lasen auch hier den Irrtum, der gute Mensch trete in alle Eigenschaften des reinen Gutseins ein.[59] Eckharts Idee, Gott um Gottes willen entbehren zu wollen, mißfiel ihnen.[60] Sie sahen die Tendenz, die Sünde auf Gott selbst zurückzuführen. Sie beanstandeten seine Lehre, der Mensch solle, wenn er gesündigt habe, nicht nachträglich nicht gesündigt haben wollen, und die wahre Reue bestehe dann darin, Gott um Gottes willen entbehren zu wollen.[61] Die Ansicht der Ankläger, daß dies häretisch sei, hat sich durch alle weiteren Stadien des Prozesses bewährt. Eckharts Satz über die wahre Reue taucht als Irrlehre Nr. 14 in der Verurteilungsbulle des Papstes auf.[62]

Den Denunzianten mißfiel, was Eckhart über die Gleichheit gesagt hatte. Sie bildeten aus Eckharts Sätzen den umfangreichen zehnten Artikel ihrer Klageschrift, der den Text DW V S. 33, 8 bis 35, 4 mit kleinen Auslassungen wiedergibt: Eckharts Abneigung gegen Unterschied und Zweiheit, daß er gesagt hatte, er hasse die Gleichheit, sofern sie noch nicht die Einheit sei, das schien ihnen extrem und häretisch. Und schließlich entging ihnen nicht, welche ruinösen Folgen Eckharts Abwertung äußerer Werke und Zeremonien haben konnte.[63]

Dem heutigen Leser haben Eckharts Mitbrüder einen Gefallen getan. Sie haben für ihn sozusagen rot unterstrichen, was einem normalen Predigerbruder in Eckharts Denken häretisch vorkam, was jedenfalls ungewöhnlich und damals schon umstritten war. Auch aus der Sicht Johannes' XXII. haben sie gut gearbeitet. Zwar ging aus ihrer Auswahl aus dem Trostbuch nur *ein* Satz direkt in die päpstliche Liste der Irrlehren ein. Es war der über die wahre Reue. Daraus folgt nicht, das päpstliche Endurteil habe das Trostbuch geschont oder als weniger irrgläubig behandelt. Die Bannbulle verbot in nicht weniger als elf weiteren Artikeln zwei wesentliche Theoriekomplexe aus dem *Buch der göttlichen Tröstung*; sie belegte sie nur mit anderen Textstellen. Da war erstens die Lehre, daß der gute Mensch in *alle* Eigenschaften des Gutseins selbst eintrete. Dies steht im Trostbuch, und dies zu sagen, verboten die Artikel 11 bis 13 der Bulle, die Artikel 20 bis 22 hakten noch einmal nach. Sie bestanden auf der Differenz zwischen einem guten Menschen und dem eingeborenen Sohn Gottes. Die zweite Thesengruppe, die der Papst zwar nicht wörtlich aus dem Trostbuch zitierte, die sich dort aber findet, betraf den Wert des äußeren Werks. Die Thesen 16 bis 19 der Papstbulle erklärten die einseitige Hochschätzung des guten Willens für häretisch.[64] Die Kölner Ankläger hatten also, vom päpstlichen Endurteil her gesehen, mindestens elf häretische Thesen Eckharts aufgedeckt. Die moralischen Klagen über sie waren aktenkundig, fielen aber demgegenüber nicht ins Gewicht.

VIII.

Die Kölner Inquisitionsbehörde hat Eckhart die Liste mit inkriminierten Sätzen aus dem Trostbuch, aus *Vom edlen Menschen*, aus seinem *Genesiskommentar* und aus Predigten zugestellt. Er hat sich gegen den Vorwurf der Häresie verteidigt. Dadurch entstand eine für uns Nachgeborene außerordentlich günstige Aktenlage; wir erfahren, wie Eckhart in gefährlicher Situation das Herzstück seiner Lehre verteidigt hat. Ich beschränke mich auf seine Rechtfertigung des Trostbuchs. Zunächst noch einmal: Nie sagt er, es gehe um mystische Erfahrungen oder Gnadentheologie. Nichts wäre bequemer gewesen als zu sagen: Ich betreibe mystische Theologie. Das war damals eine anerkannte theologische Sparte. Aber statt dessen benennt Eckhart die theoretischen Voraussetzungen, unter denen alle beanstandeten Sätze wahr seien.[65] Es sind drei Prämissen:

Erstens, man muß den Sinn des «sofern» beachten. Es ist vom Gerechten die Rede, *sofern* er gerecht ist. Der Sinn dieser Reduplikation ist der, alle anderen wohlberechtigten Gesichtspunkte auszuschließen, ohne sie zu leugnen. Kein gerechter Mensch ist in jeder Hinsicht identisch mit Gott, Eckhart verwechselt nicht Schöpfer und Geschöpf. Nur insofern der Gerechte gerecht ist, lebt er ganz in der unteilbaren Gerechtigkeit, die wir «Gott» nennen. Insofern ist er ganz eins mit Gott. Insofern ist er ganz Gott (LW V n. 81 S. 277, 7–278, 2).

Zweitens erinnert Eckhart an eine Regel aus dem fünften Kapitel der Kategorienschrift des Aristoteles (*Categ.* 5, 3 b 19): Das Eigenschaftswort bezeichnet ausschließlich die Qualität. Das Wort «gut», streng genommen, bezeichnet nur das Gutsein, die bonitas. Insofern sind der Gute und das Gutsein selbst eins. Eckhart fügt hinzu: Diese Einheit sei in der Trinität univok, im Verhältnis zwischen Gott und einem «guten» Geschöpf analog zu verstehen (LW V n. 82 S. 278, 3–6). Eckhart erklärt hier nicht seinen Begriff von Analogie (analogia). Für die genaue Auslegung seines Satzes ist nicht von allgemeinen Begriffen von analogia, auch nicht vom Begriff des Thomas von analogia (der unübersichtlich genug ist) auszugehen, sondern allein von Eckharts eigener Analogielehre.[66] Danach ist die Bestimmung «gut» nur im ersten Analogat, also in Gott, real gegeben; im zweiten Analogat, im Menschen, sofern er erschaffen ist, nur nominell. Damit schwächt Eckhart seine Lehre der Einheit des Gerechten mit der Gerechtigkeit nicht ab. Sofern das Gerechtsein im Gerechten ist, ist es unerschaffen geboren. Es ist die Gegenwart der göttlichen Gerechtigkeit selbst.

Drittens: Eckhart hebt den Dynamismus der Natur hervor. Die Natur ruht nicht, bis sie ihre Formen ausgeprägt hat im Stoff. Sie ist unruhig und mitteilungsbedürftig. Ein Pferd teilt seine Natur *ganz* mit; es erzeugt wieder ein Pferd, nicht den Teil eines Pferdes.

Alles, was erzeugt, ist von derselben Natur wie das Erzeugte. Sofern es erzeugt, ist es unerzeugt, ist es nicht von einem anderen, sondern aus sich selbst, non ab alio. Als solches genommen ist das Erzeugende eins mit dem Erzeugten. Eckhart argumentiert universal naturphilosophisch und arbeitet den Dynamismus und den Immanentismus der Naturdinge heraus. Zum «Immanentismus» gehört: Ein Lebewesen, das erzeugt, besitzt in sich die Wesensform und teilt sie als ganze, unteilbar mit. Es ist *nicht* ab alio. Andere mittelalterliche Denker sahen im ab alio-Sein die Signatur der Geschöpflichkeit. Nicht so Eckhart. Er folgert aus seiner allgemein ontologischen und naturphilosophischen Theorie des Erzeugenden und des Erzeugten, daß sie eines sind, daß sie sich nur durch Relationen unterscheiden.[67]

Alle drei Prämissen, die Eckhart zur Verteidigung anführt, sind philosophische Argumente. Er bringt weder ein Bibelzitat noch beruft er sich auf seine persönliche Erfahrung. Er argumentiert philosophisch und erklärt, aufgrund dieser drei Prämissen sei alles wahr, was die Ankläger im Trostbuch zu beanstanden hatten.[68] Eckhart geht zum Gegenangriff über und bemerkt, wer diese drei Voraussetzungen nicht zu erkennen imstande sei – wie seine Ankläger –, beweise damit nur seine Inkompetenz. Daraus läßt sich zuversichtlich folgern: Auch Eckhartdeuter, die *nicht* von diesen Prinzipien ausgehen, verdienen den Vorwurf der Rohheit, ruditas.

Die Erklärungen Eckharts, die ich referiert habe, stehen in einem Dokument, das im Stadtarchiv Soest verwahrt wird und unter dem Titel «Rechtfertigungsschrift» seit den zwanziger Jahren bekannt ist. Loris Sturlese hat dieses Dokument im Band V der Lateinischen Werke Eckharts neu herausgegeben und sorgfältig untersucht. Er ist zu dem Ergebnis gekommen, es handle sich dabei nicht, wie früher angenommen, um eine Protokollmitschrift während des Prozesses, sondern um ein eigenes Memorandum Eckharts, von ihm zur Vorbereitung auf den Prozeß verfaßt. Damit haben diese erklärenden Texte an Autorität gewonnen. Ohne sie kann niemand mehr über den genauen Sinn der Lehre Eckharts sprechen. Dieses unschätzbar wertvolle Dokument gibt noch weitere Hinweise zum Verständnis des Trostbuches:

Eckhart macht eingangs klar, daß er keine Allgemeinscholastik vorträgt oder im «mystischen Strom» schwimmt. Er sagt keineswegs, er «stehe in der Tradition» der großen Lehrer. Er beruft sich weder auf Augustin noch auf Dionysius vom Areopag noch auf Thomas von Aquino. Er sagt schlicht, er behaupte «seltene» und «subtile» Wahrheiten. Und um diese zu verstehen, dürfe man Vorstellen nicht mit intellektueller Einsicht verwechseln.[69] Bei seinen Themen versage die Vorstellung, imaginatio.[70] Wer sich an den Intellekt hält, wird einsehen, wie falsch die Vorstellung ist, es gebe erst den gerechten Menschen als kompakte, dingähnliche, schlicht vorhandene Realität, und in ihn gerieten auf dem Weg handwerksähnlichen göttlichen Tuns die Eigenschaften «gut» oder «gerecht». Der Intellekt dreht das Vorstellungsschema um und sagt: Zuerst ist die Wahrheit, die Gerechtigkeit und Weisheit, und der Mensch ist durch seinen Intellekt geeignet, daß sie in ihm geboren wird. Kein Bestandteil der Seele ist unerschaffen. Diese Vorstellung verwirft Eckhart: Die menschliche Seele ist keine Zusammensetzung von Geschaffen und Ungeschaffen.[71] Eckharts argumentativer Aufbau zu Beginn des Trostbuches beruht auf einer klar definierten Konzeption des Intellekts, die Eckhart aus Aristoteles-Averroes mit Hilfe Dietrichs von Freiberg entwickeln konnte: Der Intellekt hat mit nichts etwas gemein,[72] bei ihm, dem nicht-weltlichen Wesen, versagt die Vorstellung; sie begreift nicht, wie er im Erkennen eins wird mit seinem Inhalt.[73] Die geistige Einsicht streift alle zeitlichen Bestimmungen vom Intellekt ab – und seien es solche der Heilsgeschichte oder der christlichen Eschatologie. Der Intellekt sieht ab von aller Zeit.[74] Die Vorstellung täuscht darin, daß sie das Einzelding oder den einzelnen sichtbaren Menschen als die wahre Wirklichkeit ansieht; sie begreift nicht die Allgemeinheit der Wesen. Wer in der Vorstellung beharrt und über göttliche Dinge spricht, stellt sich die Menschwerdung Gottes so vor, als sei Gott nur mit diesem einzelnen Menschen Jesus wesenhaft verbunden. Der Intellekt, belehrt durch Eckharts «Metaphysik der Abstraktion» (W. Wackernagel), sieht, Gott hat die menschliche *Natur*, nicht nur ein einzelnes Individuum, angenommen. Wer bei der *Vorstellung* beharrt, wird einwenden, damit werde das heilsgeschichtliche Ereignis der Inkarnation aufgelöst; es werde universalisiert und enthistorisiert. Wer so argumentiert, meint aufrichtig, er spreche nur die Sprache des Glaubens. Aber in Eckharts Augen redet er nur die Sprache der Vorstellung, der imaginatio, die noch nicht zur Vernunft gekommen ist, so daß für sie feststeht, das Dies und Das sei die eigentliche Wirklichkeit. Eckhart hat einen anderen, einen intellektuellen Begriff von Sein und Realität. Der Intellekt wickelt sich aus der Verflechtung mit dem Dies und Das theoretisch und praktisch heraus. Er verwirklicht seine nicht-dinghafte Natur. Er setzt für sich fest, daß er mit nichts etwas gemein hat. Daraus folgt in ethisch-praktischer Hinsicht die Gelassenheit. In theologischer Hinsicht versteht er die Inkarnation als Einung mit der menschlichen Natur in ihrer realen Allgemeinheit.[75]

IX.

Ich schließe mit einigen Hinweisen zu Eckharts *Vom edlen Menschen*. Diesen Text haben sowohl Eckhart selbst wie seine Zensoren mit dem Trostbuch zur Einheit des *Liber Benedictus* zusammengestellt. Deshalb ist er hier mit übersetzt.

Eckhart gibt folgende Dreigliederung der kleinen Schrift: Sie zeigt erstens, wie edel der Mensch ist. Sie zeigt zweitens, wie göttlich das Ziel ist, das der Mensch erreichen kann.

Und sie spricht drittens von dem Weg, wie der Mensch zu diesem Ziel kommt.[76] Eckhart trägt dies vor durch freie Erklärung eines einzelnen Satzes aus einem neutestamentlichen Gleichnis, von dem er jedes Wort allegorisch deutet:

Ein edler Mensch
reiste ab in ein fernes Land,
sich ein Königreich zu gewinnen
und kam zurück
(*Lukas 19, 12*).

Eckhart beginnt, indem er sagt, was «ein Mensch» bedeutet. Er unterscheidet den äußeren vom inneren Menschen. Auf den äußeren, leiblichen, feindlichen Menschen lädt er allen Pessimismus ab, den die mittelalterliche Literatur angesammelt hatte, denn das Elend des menschlichen Daseins war seit Augustin ständiges Thema mittelalterlicher Autoren, wie nicht nur der Traktat des Papstes Innozenz III. beweist. Eckhart schlägt das Thema an, zitiert den Zerrissenheitsaufschrei des Apostels Paulus «Owê mir unsaeligen menschen»,[77] berichtet von dessen ständigem Konflikt des äußeren und des inneren Menschen, erklärt dann aber, *er* wolle dieses Thema nicht verfolgen, sondern vom *«edlen»* Menschen sprechen. Damit meine Jesus den inneren Menschen, der sich von allem Irdischen entferne und dadurch das Königreich erwerbe, dessen Erbe er immer schon war. Der edle Mensch pflege den göttlichen Samen, der in seiner Seele unzerstörbar liege. Aus dem Samen des Nußbaums werde ein Nußbaum, aus dem Samen Gottes in unserer Seele werde der Sohn Gottes, von der gleichen Natur wie Gott selbst. Der Mensch ist *auch* körperlich, ist schwach und von Äußerem abhängig; das Wort Mensch (homo) komme von Erde (humus), aber davon, sagt Eckhart wolle *er* nicht sprechen.[78] Eckhart nutzt die vorhandene Unterscheidung zwischen dem äußeren und dem inneren Menschen, um das traditionelle Herunterreden des Menschen zu entsorgen. Er gründet das christliche Selbstbewußtsein nicht mehr auf die Erfahrung des Elends, sondern auf das Bewußtsein des wahren Adels.[79] *Er* redet dem Adel der menschlichen Natur, der im Intellekt begründet sei, der «mit nichts etwas gemein» habe und sich erhebe über Zeit und Ort. Kein Mensch existiert ohne das schlechthin Gute, er muß sich ihm nur bewußt zuwenden. Dies tut er, indem er auszieht aus der Anhänglichkeit ans Dies und Das. Denn als Intellekt gehört er nicht zur Welt des Dies und Das. In ihm ist kein Unterschied, den er nicht in sich vereinte. Unvereinte Unterschiede bedeuten, daß A nicht B ist. Im Intellekt ist keine Absonderung in der Art spezifischen Andersseins. Im Intellekt ist kein Nichts. Er geht nicht aus einer besonderen, gegenständlichen Idee Gottes hervor, sondern ist das Bild seiner produktiven Unbestimmtheit.[80] Er kehrt zurück in die Einheit. Er verläßt allen Unterschied, in dem er in der Fremde ist, denn seine Natur ist das aktive Herausgehen aus allem Dies und Das, um alles Unterschiedliche wiederzubekommen, geeint in der Einheit. *Vom edlen Menschen* faßt im deutlichen Anschluß an antike Vorlagen – Cicero, Seneca, auch Proklos – die Metaphysik der Einheit und des Geistes zusammen. Der edle Mensch – das ist der Intellekt, wie ihn Eckhart aus der aristotelisch-averroistischen Philosophie in der Auslegung Alberts und Dietrichs von Freiberg entwickelt.

Der Weg zurück zur Einheit ist einfach. Eckhart umgeht die Gnadentheologien des 13. Jahrhunderts, auch die des späten Augustin, mit Rückbezug auf den kirchlich verurteilten Origenes: Der Brunnen ewigen Lebens ist in uns vorhanden; er ist nur verdeckt durch sinnliches Begehren. Nehmen wir die Verdeckungen weg, dann strömt das göttliche Leben. Vermutlich ist *Vom edlen Menschen* zeitlich vor dem Trostbuch geschrieben. Eckhart ist noch mehr mit akademischen Diskussionen befaßt als später. Er polemisiert gegen eine Auffassung von der ewigen Seligkeit, die den eigentlichen Grund der Beseligung in unserem Erkennen der Gottheit, nicht so sehr in der Gottheit selbst, zu finden glaubte.[81] Gewiß sei zur

Seligkeit unerläßlich, daß wir ihrer bewußt sind, aber nicht diese Reflexion auf unser Erkennen, sondern die Vereinigung mit dem Einen sei der wahre Grund des Glücks.

Eckhart beruft sich auf Cicero und Seneca dafür, daß kein Mensch ohne Gott ist. Der Same der Gottheit ist in jedem von uns.[82] Wenn Eckhart von «Gnade» spricht, dann denkt er die Menschenbezogenheit des Guten an sich und die göttliche Hilfe beim Freilegen des Brunnens göttlichen Wassers. Er redet nicht wie der späte Augustin von göttlicher Gnadenwahl, die aus der Sündermasse Einzelne rettet; er spricht nicht wie Thomas von Aquino von einem Akzidens in der Seele, ohne das niemand das ewige Heil erreiche. Der Gott-Same wächst sich zu Gott aus wie der Nußbaumsame zum Nußbaum. Entscheidend ist, daß der edle Mensch abreist aus dem Dies und Das, dem er seiner Natur nach überlegen ist. Eckhart beruft sich auf Origenes, die göttliche Natur in uns sei zwar verdeckt, aber sei unzerstörbar vorhanden, vom Sündenfall keineswegs vernichtet. Eckhart weiß seine Autoritäten zu handhaben. Er verzichtet nicht auf die Stimme Augustins; er bringt das Aufstiegsschema aus dessen früher Schrift *De vera religione* zur Sprache, das mit dem vollkommenen Vergessen des äußeren Lebens in der unterschiedslosen Gotteskindschaft endet.[83]

Wiederum nutzt uns die Liste der Ankläger Eckharts. Sie notiert die extremen Passagen. Zu ihnen gehört die Anlehnung Eckharts an Cicero und Seneca. Den Anklägern mißfällt, daß Gott in jedem Menschen sein soll. Sie finden es häretisch, daß aus dem Samen Gottes ein Kind Gottes, also ein Wesen von Gottes Natur, also Gott erwachsen soll.[84] Daß Mensch und Gott *ein* Wesen würden oder schon seien, das ging ihnen zu weit. Häretisch kam ihnen weiterhin vor, daß Eckhart Gott so sehr als Einheit denkt, daß aller Unterschied in seiner Einheit verschwinde. Tatsächlich werden bei Eckhart alle Unterschiede in der absoluten Einheit zur Einheit.[85] In der Natur Gottes gibt es keinen Unterschied, auch nicht in den Personen der Trinität. Man kann die göttlichen Personen nicht abzählen; man kann nicht sagen, sie seien drei. Zählbar ist nur das Dies und Das, aus dem der edle Mensch auszieht. Als die Ordensfreunde diese Irrlehre aufspießten, machten sie zwar einen Übersetzungefehler – Eckhart sagt von Gott, alle «mittel» seien ihm fremd, sie übersetzten dies mit omnis distinctio est deo aliena –, waren aber, weil sie den Rest richtig übersetzten, mit ihrer Anklage erfolgreich: Eckharts Satz taucht als Irrlehre Nr. 24 in der Papstbulle auf.[86] Der Papst war wie sie der Ansicht, Eckharts Einheitsdenken widerspreche der korrekten Kirchenlehre von der Dreiheit der göttlichen Personen.

Blicken wir noch einmal zurück: Die hier übersetzten Texte regen an, Eckhartbilder mit dem Original zu vergleichen. Sie zeigen, wenn der Leser auf den Gang der Argumentation achtet, Eckhart als Denker, als menschenzugewandten Philosophen. Sie entziehen ihn der florierenden Mystikindustrie. Sie widerlegen die Abflachungen, die ihn auf Augustinus oder Dionysius Areopagita oder Thomas von Aquino zurückinterpretieren und die verdecken, daß er Ungesagtes und Seltenes, also gerade nichts Traditionelles hat sagen wollen. Er brauchte die Kirchenväter, aber er wählte aus, was zu ihm paßte. Er setzte sie nicht fort, sondern setzte sie in seinen Denkentwurf ein. Eckharts Trostbuch und sein *Vom edlen Menschen* präsentieren eine neue Philosophie des Christentums. Sie entwerfen ein sublimiertes christliches Selbstbewußtsein, das sich in der Formel wiedererkennt, daß Gott sagt: Ich nenne euch nicht mehr Knechte, sondern Freunde. Ich bin nicht der Herr, ihr seid mir ein anderes Ich, auf das ich mich wesentlich beziehe. Eckharts Texte basieren auf der Philosophie der Einheit und des Intellekts. Sie geben ihr eine neue Wendung. Ihr Ergebnis war nicht kirchlich korrekt, jedenfalls nicht nach den amtlichen theologischen Kriterien der Zeit um 1300. Aber sie geben zu denken, damals wie heute.

BIBLIOGRAPHISCHE HINWEISE

Werke Eckharts

Die Werke Eckharts zitiere ich nach der Ausgabe: Meister Eckhart, Die deutschen und lateinischen Werke, Stuttgart 1936ff, die deutschen Werke abgekürzt als DW, die lateinischen als LW.

Wertvoll auch wegen der Kommentierung:

Eckhart, Traités et Sermons. Traduction de Alain de Libera, Paris 1993

Georg Steer und Loris Sturlese (Hg.), Lectura Eckardi. Predigten Meister Eckharts von Fachgelehrten gelesen und gedeutet, 2 Bände, Stuttgart 1998 und 2003

Literatur über Meister Eckhart

Kurt Ruh, Meister Eckhart. Theologe, Mystiker, Prediger, München ^{2}1989

Kurt Ruh, Geschichte der abendländischen Mystik, Band 3, München 1996

Kurt Flasch, Meister Eckhart. Die Geburt der «Deutschen Mystik» aus dem Geist der arabischen Philosophie, München 2006

Loris Sturlese, Homo divinus. Philosophische Projekte in Deutschland zwischen Meister Eckhart und Heinrich Seuse, Stuttgart 2007

Zum Buch der göttlichen Tröstung

Erwin Waldschütz, Meister Eckhart. Eine philosophische Interpretation der Traktate, Bonn 1978

Wolfgang Wackernagel, Ymagine denudari. Éthique de l'image et métaphysique de l'abstraction chez Maître Eckhart, Paris 1991

Kurt Flasch, Predigt 6: Iusti vivent in aeternum, in: Georg Steer und Loris Sturlese (Hg.), Lectura Eckardi II, Stuttgart 2003, S. 29–52

Wolfgang Wackernagel, La Divine Consolation. Traduit du moyen-haut allemand, présenté et annoté, Paris 2004

Julie Gasteigt, Connaissance et vérité chez Maître Eckhart, Paris 2006

Vgl. auch die oben in Anmerkung 7 genannten Arbeiten. Ältere Literatur bei Niklaus Largier, Bibliographie zu Meister Eckhart, Fribourg 1989 und fortlaufend im bibliographischen Organ der Meister Eckhart-Gesellschaft. Gute Übersicht über die neuere Forschungsliteratur in dem Buch von Julie Gasteigt, S. 443–458.

ANMERKUNGEN

Die in der Übersetzung *kursiv* gedruckten Texte kennzeichnen Passagen, die von Eckharts Anklägern im Kölner Prozeß wegen Häresie als Artikel in die Anklageliste aufgenommen worden sind.

1 Die Wendung «doch gibet ez sich» ist schwer zu übersetzen. Ich danke Frau Professor Dagmar Gottschall für freundliche Hilfe in diesem und in manchen anderen schwierigen Fällen. Vgl. auch deren Aufsatz: Man möchte wunder tuon mit worten (Predigt 18). Zum Umgang Meister Eckharts mit Wörtern in seinen deutschen Predigten, in: A. Speer – L. Wegener (Hg.), Meister Eckhart in Erfurt (Miscellanea Mediaevalia, 32), Berlin 2005 S. 427–449, besonders S. 445 f. – Subjekt das Satzes ist das Wort, aber gemeint ist das Adjektiv, das nichts bezeichnet als die Qualität, doch diese deutlich zum Ausdruck bringt. Das «Wort» ist hier nicht der ewige Logos, der sich mitteilt, sondern das Adjektiv, dessen Bedeutung sich auf die besagte Weise beschränkt. – Ich danke Frau Gottschall herzlich für diese und andere Vorschläge.

2 Diese Sätze wurden die Artikel 1 bis 4 in der Liste der Ankläger im Kölner Prozeß, LW V n. 1–7, LW V S. 198–200. Nicht wörtlich, aber dem Sinn nach wird daraus Artikel 13 der Papstbulle, LW V S. 603, 65–67.

3 In der Liste der Anklage noch Artikel 4, n. 8 und 9, LW V S. 201–202.

4 Artikel 5 n. 10. der Anklageliste, LW V S. 202.

5 Artikel 6 n. 11 der Anklageliste, LW V S. 203.

6 Artikel 7 n. 12 der Anklageliste. LW V S. 203. Aus den ersten beiden Sätzen wurde der Satz 14 der Verurteilungsbulle des Papstes, LW V S. 598, 56–59. Das Gutachten der Theologen von Avignon weist Eckharts Verteidigung dieser Lehre zurück: Haec non excusant, sed accusant, Art. 27/28 n. 111 LW V S. 589, 31.

7 Artikel 8 n. 13 der Anklageliste, LW V S. 203.

8 Artikel 9 n. 14 der Anklageliste, LW V S. 204.

9 Artikel 8 n. 15 der Anklageliste, LW V S. 204–205.

10 Noch Artikel 10 n. 16 der Anklageliste, LW V S. 205. – Die An-

kläger übersetzten glîchnisse durch similitudo. Ich habe mich dennoch für «Gleichheit» entschieden, denn der Gerechte, behauptet Eckhart mehrfach, tritt in Wesenseinheit mit der Gerechtigkeit ein, eines Wesens mit dem Vater.

11 Noch Artikel 10 n. 17 der Liste. LW V. S. 205.

12 Noch Artikel 10 n. 18 der Liste, LW V S. 205. Die Ankläger finden es häretisch, nicht daß Eckhart Johannes 14, 8 zitiert, sondern daß er es als Beweis für die voranstehende These anführt.

13 Artikel 11 n. 19 der Anklageliste, LW V S. 206–207.

14 Noch Artikel 11 n. 19 der Liste, LW V S. 207.

15 Zur mittelhochdeutschen Textvorlage dieses Satzes vgl. Kurt Ruh, Geschichte der abendländischen Mystik, Band 3, München 1996, S. 316–317.

16 Artikel 12 n. 20 der Anklageliste, LW V S. 207.

17 Artikel 13 n. 21 der Anklageliste, LW V S. 208.

18 Artikel 14 n. 22 der Liste der Ankläger, LW V. S. 208.

19 Artikel 15 n. 23 der Anklageliste, LW V S. 208–209, wird Artikel 25 im Gutachten der Theologen von Avignon, n. 99 LW V S. 587, 13–15 und Artikel 24 der Papstbulle, LW V S. 599, 80–82.

20 In der chronologischen Reihenfolge die Nr. 46, in: Plotins Schriften, Band Va, Griechisch-Deutsch, übersetzt von Richard Harder, Hamburg 1960, S. 2–39.

21 Augustinus, De beata vita, ed. W. M. Green, Corpus Christianorum, Series Latina, Band 29, Turnhout 1970. Deutsche Fassung: Augustinus, Über das Glück. Eingeleitet, übersetzt und erläutert von Ingeborg Schwarz-Kirchenbauer und Willi Schwarz, in: Augustinus, Philosophische Frühdialoge, Zürich – München 1972.

22 Boethius, Trost der Philosophie, deutsch von Ernst Gegenschatz und Olof Gigon. Herausgegeben und mit einem Nachwort von Kurt Flasch, München ^{2}2006.

23 Peter von Moos, Consolatio. Studien zur mittellateinischen Trostliteratur über den Tod und das Problem der christlichen Trauer, Band 1–4, München 1971–1972.

24 Loris Sturlese, Homo divinus. Philosophische Projekte in Deutschland zwischen Meister Eckhart und Heinrich Seuse, Stuttgart 2007, S. 133.

25 Martin Luther, Weimarer Ausgabe, Band 6, S. 104–134.

26 Nachdem ich in den sechziger Jahren an der Universität Frankfurt/Main eine Reihe von Seminaren über die oben genannten Schriften von Plotin, Eckhart und Fichte gehalten hatte, bat ich

einen der Teilnehmer, Gangolf Schrimpf, für die Festschrift Hirschberger eine Art Zusammenfassung zu schreiben. Er tat dies unter dem Titel: Des Menschen Seligkeit, in: Kurt Flasch (Hg.), Parusia. Studien zur Philosophie Platons und zur Problemgeschichte des Platonismus, Frankfurt/Main 1965, S. 431 bis 454. – Bochumer Mitarbeiter von mir haben das Thema fortgeführt: Christoph Asmuth, Meister Eckharts Buch der göttlichen Tröstung, in: Marten J. F. M. Hoenen – Alain de Libera (Hg.), Albertus Magnus und der Albertismus, Leiden 1995, S. 189–205 und Franz-Bernd Stammkötter, Trost, in: Philosophisches Wörterbuch der Philosophie, Band 10, Basel 1998, Sp. 1524–1528.

27 Hans Blumenberg, Die Sorge geht über den Fluß, Frankfurt/Main 1987.

28 Ich zitiere Eckhart nach der Ausgabe der Deutschen und Lateinischen Werke, Stuttgart 1936ff, hier also Band V der Deutschen Werke, hg. von Josef Quint nach Seite und Zeile, also DW (= Deutsche Werke) Band V S. 60, 5–61, 12, oben S. 88–90.

29 Dazu die Anordnungen der Ordensleitung jetzt in Acta Echardiana, Processus contra mag. Echardum Nr. 63 in: Eckhart, Lateinische Werke Band V S. 594–595. Der Tadel des Papstes: Johannes XXII., In agro dominico, ib. Nr. 65 LW V S. 597, 16.

30 Kurt Ruh, Meister Eckhart. Theologe, Prediger, Mystiker. München, 2. Auflage 1989, S. 135; ders., Geschichte der abendländischen Mystik. Band 3: Die Mystik des deutschen Predigerordens und ihre Grundlegung durch die Hochscholastik, München 1996, bes. S. 309–311.

31 Loris Sturlese, Homo divinus. Philosophische Projekte in Deutschland zwischen Meister Eckhart und Heinrich Seuse, Stuttgart 2007, S. 101–106, auch S. 28 Anm. 69.

32 Vgl. Kurt Flasch, Meister Eckhart. Expositio sancti Evangelii secundum Ioannem, in: Ders. (Hg.), Interpretationen. Hauptwerke der Philosophie: Mittelalter, Stuttgart 1998, S. 381–401.

33 Trostbuch und Johanneskommentar erklären sich gegenseitig, vgl. besonders In Iohannem n. 14–32 LW III S. 13–25. Wie im Trostbuch schickt Eckhart im Johanneskommentar seine philosophische Prinzipienlehre über das Verhältnis von concretum und abstractum voraus. Das sagt er in n. 14 S. 13 und erklärt dann, n. 23 S. 19 und n. 27 S. 21, von ihr aus lasse sich fast alles erklären, was über die Gottheit des Sohnes im Evangelium steht. Auf diese argumentative Abfolge kommt es an: Am Anfang steht

weder ein Theologumenon noch mystische Lebenslehre, sondern das Nachdenken über iustus und iustitia, über ratio rei und res, über abstrakt und konkret, über Idee und Ideat. Und dies ist dann das wahre, nicht das bloß vorgestellte Theologumenon. Den *universalen* Charakter dieser *philosophischen* Konzeption hebt Eckhart eigens hervor, In Ioann. n. 6 LW III S. 7.

34 Eckhart, In Ioann. n. 4 LW III S. 5

35 Eckhart, In Ioann. n. 14 LW III S. 13 und n. 26 S. 21.

36 Eckhart, In Ioann. n. 5 LW III S. 6.

37 Eckhart, In Ioann. n. 16 LW III S. 14.

38 Die Texte dazu bei Kurt Flasch, Meister Eckhart. Die Geburt der «Deutschen Mystik aus dem Geist der arabischen Philosophie,» München 2006, S. 120.

39 Eckhart, In Ioann. LW III n. 208 S. 176; n. 391 S. 334, n. 449 S. 384; n. 611 S. 533.

40 Eckhart, Buch der göttlichen Tröstung II, DW V S. 39, 1–7.

41 Eckhart, In Ioann. n. 19 S. 16, 13: Hoc enim proprie vivit quod est sine principio.

42 Eckhart, In Ioann. n. 8 S. 9 und n. 18 S. 15.

43 Eckhart, Expositio sancti evangelii secundum Iohannem n. 2 und 3, LW III S. 4 und Buch der göttlichen Tröstung, DW V S. 11, 20–22.

44 Meister Eckhart, Quaestio Parisiensis I n. 4 LW V S. 41: Sapientia autem, qua pertinet ad intellectum, non habet rationem creabilis.

45 Predigt 6: Iusti vivent in aeternum, Lectura Eckhardi II S. 32, 8–9.

46 Leichter Spott Eckharts über Hochschätzung liturgischer Fuß- und Kopfbewegungen findet sich Proc. Colon. I Nr. 28 LW V S. 310, 4–8.

47 Eckhart, Vom edlen Menschen DW V S. 111, 11 und Proc. Colon. II n. 150, LW V S. 353, 15–17.

48 LW V S. 198–209.

49 Schön herausgearbeitet von Kurt Ruh, Geschichte der abendländischen Mystik, Band 3, München 1996, S. 318. Ich verdanke dem verehrten Freund Kurt Ruh im Blick auf den Anfang des Trostbuchs auf den Seiten 313 bis 322 viel. Ich teile seine Meinungen aber nicht bezüglich:
- der «Analogie»-Geschichte, III S. 312,
- der Trinität nur als «Modell» für die Gleichheit des Gerechten mit der Gerechtigkeit, III 313,
- seiner Unterscheidung zwischen «ethischer» und «ontologischer» Gleichheit. Er wirft den Anklägern vor, sie hätten beides

verwechselt und vermißt bei Eckhart, diese Differenz deutlich auszusprechen, III 316.

In *Vom edlen Menschen* ist der philosophisch-theologische Abschnitt darüber, daß Reflexion zur Seligkeit gehört, aber nicht ihr Grund ist (DW V S. 116, 20–117, 18, 19, nicht «fragwürdig», sondern ein schöner und an diese Stelle passender Gedankengang des Magisters Eckhart, vorausgesetzt, man liest ihn nicht nur als Tröster, Prediger und Mystiker, III 322.

50 Dante, Das Gastmahl. Viertes Buch. Italienisch-deutsch, übers. von Thomas Ricklin. Eingeleitet und kommentiert von Ruedi Imbach. Dante, Philosophische Werke, Band 4,4, Hamburg 2004. Vgl. dazu Domenico Consoli, s.v. nobilità, in: Enciclopedia Dantesca, Band 4, Rom 1993, S. 58–62.

51 Eckhardt, Vom edlen Menschen DW V S. 109, 1–5.

52 Der Text und meine Erklärung dazu in: Lectura Eckardi II, Stuttgart 2003, S. 29–51, bes, S. 32, 26f.

53 Vgl. dazu Artikel 4 aus der nicht aufgefundenen Verteidigungsschrift mit dem Titel Requisitus der Trostschrift LW V Nr. 45 S. 193.

54 Mit Berufung auf DW V S. 12, 1–15, 5 und 48, 3–54, 7 bei Kurt Ruh, Band III S. 312.

55 DW V S. 12, 18–21 und 13, 1 –17.

56 DW V S. 14, 13–14. Daraus wird Artikel 6 n. 11 der Anklageliste.

57 LW V Nr. 46 S. 198–226. Eine zweite Liste folgte: LW V Nr. 47 S. 226–245.

58 Also die Seiten 9 bis 14 aus DW V. Fast ganz bringen sie S. 9, 4 bis 11, 19.

59 DDW V S. 22, 17–19 = Artikel 8 n. 13 LW V S. 203.

60 DDW V S. 23, 8–11 = Artikel 9 LW V n. 14 S. 204. Ferner: DW V S. 44, 11–27 = Artikel 12 n. 20 LW V S. 207 und Artikel 13 LW V n. 21 S. 208.

61 DW V S. 22, 5–14 = Artikel 7 der Anklage: LW V n. 12 S. 203.

62 Acta Echardiana Nr. 65 LW V S. 598, 56–59.

63 DW V S. 38, 3–19 = Artikel 11, LW V n. 19 S. 209.

64 Johannes XXII., In agro dominico, art. 16 bis 19 LW V S. 598, 62–599, 68.

65 Magistri Echardi Responsio ad articulos sibi impositos de scriptis et dictis suis = Processus Coloniensis I LW V S. 275 ff., besonders S. 277–278.

66 Dazu genügt nicht mehr der Artikel von Josef Koch, Zur Analogielehre Meister Eckharts, in: Mélanges offerts à E. Gilson, Paris

1959, S. 327–350. Zum analogia-Konzept Eckharts vgl. In Sap. n. 44 LW II S. 366, 12–367, 2 und In Eccles. n. 52–53 LW II S. 280, 5–282, 12. Dazu Burkhard Mojsisch, Meister Eckhart. Analogie, Univozität und Einheit, Hamburg 1983, S. 51–59.

67 LW V n. 84 und 85 S. 278, 14–279, 10.

68 Responsio n. 86 LW V S. 279, 11–12: Ex his igitur manifeste concludo veritatem omnium illorum, quae ex libris meis et dictis obiciuntur.

69 Eckhart, Processus Colon. I n. 79 LW V S. 276, 21–23.

70 Eckhart, Proc. Col. I n. 125 LW V S. 293, 1–9 und Proc. Col. II n. 20 LW V S. 322, 14–17.

71 Eckhart, Proc. Col. I n. 92 LW V S. 281, 13–16.

72 Eckhart, Proc. Colon. I n. 137 LW V S. 298, 12–299, 1.

73 Eckhart, Proc. Colon. I n. 133 LW V S. 297, 1–9 und Proc. Colon. II n. 88 LW V S. 322, 14–17.

74 Eckhart, Proc. Col. I n. 91 LW V S. 281, 9–12 und Proc. Col. II n. 67 LW V S. 334, 13–20.

75 Eckhart, Proc. Col. I n. 139 LW V S. 299, 9–14 und Proc. Col. II n. 61 LW V S. 315, 22–23.

76 Eckhart, Von dem edeln menschen DW V S. 109, 1–5.

77 Römerbrief 7, 24 bei Eckhart DW V S. 110, 15–16.

78 Eckhart, DW V S. 115, 24.

79 Vgl. dazu Loris Sturlese, Homo divinus. Philosophische Projekte in Deutschland von Meister Eckhart bis Heinrich Seuse, Stuttgart 2007, S. 35–46. Dort auch Belege für die patristische Tradition der Rede von der Würde des Menschen.

80 Dazu vgl. Kurt Flasch, Procedere ut imago – Das Hervorgehen des Intellekts aus seinem göttlichen Grund bei Meister Dietrich, Meister Eckhart und Berthold von Moosburg, in: Kurt Ruh (Hg.), Abendländische Mystik im Mittelalter. Symposion Kloster Engelberg 1984, Stuttgart 1986, S. 125–134.

81 Eckhart, DW V S. 116, 20–117, 12.

82 Eckhart, Vom edlen Menschen DW V S. 111, 11 und Proc. Colon. II n. 150 LW V S. 353, 15.

83 Eckhart, DW V. S. 111, 22–112, 24.

84 Eckhart, DW V S. 111, 11–15. Daraus wird Artikel 14 der Kölner Anzeigeliste, Proc. Colon. I n. 22 LW V S. 208, 12–20.

85 Eckhart, DW V S. 114, 21–115, 3. Daraus wird Artikel 15 der Anklageliste, Proc. Colon. I n. 23 LW V S. 208, 21–209, 4.

86 Johannes XXII., In agro dominico LW V S. 599, 80–81.